石油钻探企业
高处作业安全实用手册

中国石油天然气集团公司安全环保与节能部 编

石油工业出版社

内 容 提 要

本书介绍了高处作业的基本常识和石油钻井现场常见的高处作业及安全管理要求。同时，梳理了钻井现场高处作业典型不安全行为和隐患，对钻井现场发生的高处作业典型事故案例进行了剖析。

本书可作为石油钻井系统一线员工学习高处作业安全知识的教材，也可作为各级安全管理人员了解、查阅高处作业相关知识及作业安全管理要求的参考资料。

图书在版编目（CIP）数据

石油钻探企业高处作业安全实用手册／中国石油天然气集团公司安全环保与节能部编．—北京：石油工业出版社，2016.8（2023.5重印）
ISBN 978−7−5183−1388−4

Ⅰ．石⋯
Ⅱ．中⋯
Ⅲ．石油企业−高空作业−安全管理−中国−手册
Ⅳ．F426.22 − 62

中国版本图书馆 CIP 数据核字（2016）第 166864 号

出版发行：石油工业出版社有限公司
（北京朝阳区安定门外安华里2区1号　100011）
网　　址：www.petropub.com
编辑部：(010) 64523553
图书营销中心：(010) 64523633
经　　销：全国新华书店
印　　刷：北京九州迅驰传媒文化有限公司

2016年8月第1版　2023年5月第3次印刷
787毫米×1092毫米　开本：1/16　印张：11.5
字数：220千字

定价：70.00元
（如出现印装质量问题，我社图书营销中心负责调换）
版权所有，翻印必究

《石油钻探企业高处作业安全实用手册》

编 委 会

主　编：徐非凡，川庆钻探工程有限公司长庆钻井总公司

副主编：李建林，川庆钻探工程有限公司安全环保节能处

　　　　　李晓明，川庆钻探工程有限公司长庆钻井总公司

　　　　　李守泉，川庆钻探工程有限公司长庆钻井总公司

成　员：田金江，川庆钻探工程有限公司长庆钻井总公司安全环保节能部

　　　　　张仲岐，川庆钻探工程有限公司长庆钻井总公司安全环保节能部

　　　　　李　阳，川庆钻探工程有限公司长庆钻井总公司安全环保节能部

　　　　　王　勇，川庆钻探工程有限公司长庆钻井总公司安全环保节能部

　　　　　韩红卫，川庆钻探工程有限公司长庆钻井总公司安全环保节能部

　　　　　李安辉，川庆钻探工程有限公司长庆钻井总公司第二工程项目部

　　　　　李春涛，川庆钻探工程有限公司长庆钻井总公司第三工程项目部

　　　　　杨宗安，川庆钻探工程有限公司长庆钻井总公司第一工程项目部

　　　　　任桂英，川庆钻探工程有限公司长庆钻井总公司安全环保节能部

　　　　　宋春艳，川庆钻探工程有限公司长庆钻井总公司第五工程项目部

前 言

石油钻井是一项多工种、多工序连续作业的系统工程。施工过程中，高处作业是常见的作业之一，并贯穿于整个施工过程。由于受设备、环境、人员及管理等因素影响，高处坠落事故时有发生。为了规范高处作业管理，我国先后颁布实施了 GB/T 3608—2008《高处作业分级》、GB/T 23468—2009《坠落防护装备安全使用规范》等 16 个国家标准。在此基础上，各行业、各企业也制定实施了高处作业相关管理规范和管理办法，对本行业、本企业高处作业管理进行规范。由于石油钻井有其一定的行业特点，其高处作业也存在一定特殊性，我们在国家、行业及企业管理要求的基础上，结合现场管理实践经验，编写了《石油钻探企业高处作业安全实用手册》。

本书共分为五章。第一章为概论，主要介绍了高处作业相关知识和石油钻井工程高处作业基本情况。第二章为石油钻井现场高处作业管理，主要介绍了高处作业安全管理要求，并结合石油钻井现场实际，从高处作业人员管理、人员劳保管理、手工具管理、许可管理以及井架上作业管理、拆搬安高处作业管理、临边作业管理等方面进行了详细介绍。第三章为钻井现场高处作业安全防护设施管理，主要列举了钻井现场高处作业安全防护设施配备标准，并从安装、使用、日常维护保养及报废标准等方面对主要高处作业安全防护设施管理进行了介绍。第四章为钻井现场高处作业典型不安全行为和隐患，该章收集了钻井现场高处作业相关的不安全行为和安全隐患。第五章为高处作业典型事故案例分析，该章收集了钻井现场在拆安井架作业、二层台作业、循环罐上作业以及其他作业期间发生的 12 起高处坠落典型事故，逐一介绍了事故发生的经过，从直接原因、间接原因和管理原因等方面对事故的发生进行了剖析。

本书在编写过程中，得到了中国石油天然气集团公司安全环保与节能部及川庆钻探工程有限公司领导和专家的大力支持和悉心指导。中国石油天然气集团公司安全技术研究院张敏、西南油气田公司谢代安、长城钻探公司乔永富以及渤海钻探工程有限公司郭进德等多位专家，对本书提出了大量建设性修改建议。长庆钻井总公司基层单位李小成、马文胜等多位同志为本书提供了大量翔实素材，在此一并表示感谢。

由于编者水平有限，本书难免存在不足及疏漏，恳请广大读者提出宝贵意见。

编者

2016 年 1 月

目 录

第一章
概论 1

第一节 高处作业相关知识 3
第二节 石油钻井工程高处作业基本情况 27

第二章
钻井现场高处作业管理 43

第一节 高处作业安全管理要求 45
第二节 高处作业人员管理 49
第三节 高处作业人员劳保管理 51
第四节 高处作业手工具管理 53
第五节 高处作业许可管理 57
第六节 井架上作业管理 61
第七节 拆、搬、安期间高处作业管理 63
第八节 临边作业管理 68

第三章
钻井现场高处作业安全防护设施管理 73

第一节 钻井现场高处作业安全防护设施配备管理 75
第二节 高处作业安全防护设施的安装、使用及日常维护 77
第三节 常见高处作业安全防护设施判废标准 103

第四章
钻井现场高处作业典型不安全行为和隐患 …… 107

第一节　典型不安全行为 …… 109
第二节　钻井队高处作业典型隐患 …… 122

第五章
高处作业典型事故案例分析 …… 137

第一节　拆安井架高处坠落事故案例 …… 139
第二节　二层台高处坠落事故案例 …… 145
第三节　循环罐上高处坠落事故案例 …… 153
第四节　其他高处坠落事故案例 …… 157

参考文献 …… 165

附　录 …… 167

附录一　国家、行业及企业关于高处作业管理的标准目录及主要内容 …… 169
附录二　中国石油天然气集团公司《高处作业安全管理办法》 …… 171

第一章

概 论

第一节　高处作业相关知识

一、相关概念

（1）高处作业：凡在坠落高度基准面 2m 以上（含 2m）有可能坠落的高处进行的作业。

（2）临边：地板、甲板或栅格板的边沿。

（3）坠落高度基准面：可能坠落范围内最低处的水平面。

（4）基础高度：以作业位置为中心，6m 为半径，划出的垂直于水平面的柱形空间内的最低处与作业位置的高度差。

（5）高处作业高度：作业区各作业位置至相应坠落高度基准面的垂直距离的最大值。

（6）可能坠落范围：以作业位置为中心，可能坠落为半径划成的与水平面垂直的柱形空间。

（7）吊绳：一根垂直或水平的绳，固定在一个锚固点上或两个锚固点之间，可以在它上面挂安全带或安全绳。

（8）锚固点：用于固定吊绳、引入绳或安全绳的固定点。

（9）安全绳：安全带上保护人体不坠落的系绳，用于将安全带与锚固点或吊绳相连接。

（10）缓冲器：当人体坠落时，能减少人体受力，吸收坠落过程中产生部分能量的装置，如抓绳器、可撕缝合安全带等。

（11）全身式安全带：能够系住人的躯干，把坠落力量分散在大腿的上部、骨盆、胸部和肩部等部位的安全保护装备，包括用于挂在锚固点或引绳上的两根安全绳。

（12）生命线：带柔性钢缆的锚固装置，其主要组成包括滑梭、缓冲器、中间支架、末端支架等。

（13）个人坠落保护系统：用于阻止从工作高度坠落的一套系统。包括锚固点、连接器、全身安全带，还可能包括带有自锁钩的安全绳、缓冲器、吊绳或它们的组合。

二、常见的高处作业

（一）临边作业

在施工现场，当高处作业中工作面的边沿没有围护设施，或虽有围护设施但其高度低于 0.8m 时，这一类作业称为临边作业。

处于这类临边状态下的场合施工，例如沟、坑、槽边，平台边，屋面边等，都属于临边作业，如图 1-1 所示。

此外，一般施工现场的场地上，还常有挖坑、挖沟槽等工程，在它们边沿施工也称为临边作业，如图 1-2 所示。

图 1-1　临边作业　　　　　　　图 1-2　在沟、坑边沿的作业

（二）攀登作业

借助登高设施或梯子等设施在攀登条件下进行的高处作业，如图 1-3 和图 1-4 所示。

图 1-3　搭建铁塔作业　　　　　　图 1-4　梯子上作业

- 4 -

（三）悬空作业

在周边临空状态下，无立足点或无牢靠立足点的条件下进行的高处作业，如图 1-5 和图 1-6 所示。

图 1-5　高层建筑外墙清洗作业　　　图 1-6　凌空架线作业

（四）操作平台作业

借助辅助平台进行的高处作业，如图 1-7 和图 1-8 所示。

图 1-7　借助提篮进行的作业　　　图 1-8　借助起升设备进行的作业

（五）洞口作业

孔、洞口旁边的作业，包括施工现场及通道旁深度在 2m 或 2m 以上的桩孔、沟槽、管道孔洞等边沿作业。建筑物的楼梯口、电梯口及设备安装预留洞口等（未安装正式栏杆、门窗等围护设施），还有一些施工需要预留的上料口、通道口、施工口等，如图 1-9 所示。

（六）交叉作业

上下不同层次，在空间贯通状态下同时进行的高处作业，如图 1-10 所示。

图 1-9 洞口作业　　　　　　　　图 1-10 交叉作业

三、高处作业分级标准

GB/T 3608—2008《高处作业分级》中，按作业高度不同，将高处作业分为 2～5m，>5～15m，>15～30m 及 30m 以上四个区段。直接引起坠落的客观危险因素分为 11 种：

(1) 阵风风力五级（风速 8.0m/s）以上。

(2) GB/T 4200—2008《高温作业分级》规定的Ⅱ级或Ⅱ级以上的高温作业。

(3) 平均气温低于或等于 5℃的作业环境。

(4) 接触冷水温度低于或等于 12℃的作业。

(5) 作业场地有冰、雪、霜、水、油等易滑物。

(6) 作业场所光线不足，能见度差。

(7) 作业活动范围与危险电压带电体的距离小于表 1-1 的规定。

表 1-1　作业活动范围与危险电压带电体的距离

危险电压带电体的电压等级，kV	距离，m
≤10	1.7
35	2.0
63～110	2.5
220	4.0
330	5.0
500	6.0

（8）摆动，立足迹不是平面或只有很小的平面，即任一边小于 0.5m 的矩形平面、直径小于 0.5m 的圆形平面或具有类似尺寸的其他形状的平面，致使作业者无法维持正常姿势。

（9）GB 3869—1997《体力劳动强度分级》规定的Ⅲ级或Ⅲ级以上的体力劳动强度。

（10）存在有毒气体或空气中含氧量低于 0.195 的作业环境。

（11）可能会引起各种灾害事故的作业环境和抢救突然发生的各种灾害事故。

不存在以上 11 种中任一种客观危险因素的高处作业，按表 1-2 规定的 A 类法分级；存在以上 11 种中的一种或一种以上客观危险因素的高处作业按表 1-2 规定的 B 类法分级。

表 1-2　高处作业分级标准

分类法	高处作业高度 h_w，m			
	$2 \leq h_w \leq 5$	$5 < h_w \leq 15$	$15 < h_w \leq 30$	$h_w > 30$
A	Ⅰ	Ⅱ	Ⅲ	Ⅳ
B	Ⅱ	Ⅲ	Ⅳ	Ⅳ

四、特殊高处作业

依据作业环境不同，高处作业又分为一般高处作业和特殊高处作业。其中，常见的特殊高处作业主要为以下八类：

（1）在阵风的风力六级（风速 10.8m/s）以上的情况下进行的高处作业，称为强风高处作业。

（2）在高温或低温环境下进行的高处作业，称为异温高处作业。高温是指作业地点具有生产性热源，其气温高于本地区夏季室外通风设计计算温度 2℃ 及以上。低温是指作业地点的温度低于 5℃。

（3）降雪时进行的高处作业，称为雪天高处作业。

（4）降雨时进行的高处作业，称为雨天高处作业。

（5）室外完全采用人工照明时进行的高处作业，称为夜间高处作业。

（6）在接近或接触带电体条件下进行的高处作业，称为带电高处作业。GB/T 3608—2008《高处作业分级》中规定了作业活动范围与危险电压带电体的距离。小于表 1-1 规定距离的即为接近带电体。

（7）在无立足点或无牢靠立足点的条件下进行的高处作业，称为悬空作业。

（8）对突然发生的各种灾害事故进行抢救的高处作业，称为抢救高处作业。

一般高处作业是指除特殊高处作业以外的高处作业。

五、高处作业坠落范围确定方法

由于并非所有的坠落都是沿垂直方向笔直地下坠,因此就有一个可能坠落范围的半径问题。当以可能坠落范围的半径为 R,从作业位置至坠落高度基准面的垂直距离(即坠落高度)为 h_w 时,GB/T 3608—2008《高处作业分级》的附录 A 规定 R 值与 h_w 值的关系见表 1-3。

表 1-3 R 值与 h_w 值的关系

坠落高度 h_w, m	坠落半径 R, m
$2 \leq h_w \leq 5$	2
$5 < h_w \leq 15$	3
$15 < h_w \leq 30$	4
$h_w > 30$	5

六、高处作业主要危害

高处作业危害是当前主要职业危害之一,无论从事故发生的概率和事故导致的死亡严重后果来看,都占有较大比例。据统计,2006—2013 年间,某石油公司所属企业共发生亡人事故 169 起,死亡 255 人,其中高处坠落事故共发生 32 起,死亡 34 人,占比为 18.93% 和 13.33%,详见图 1-11 和图 1-12。

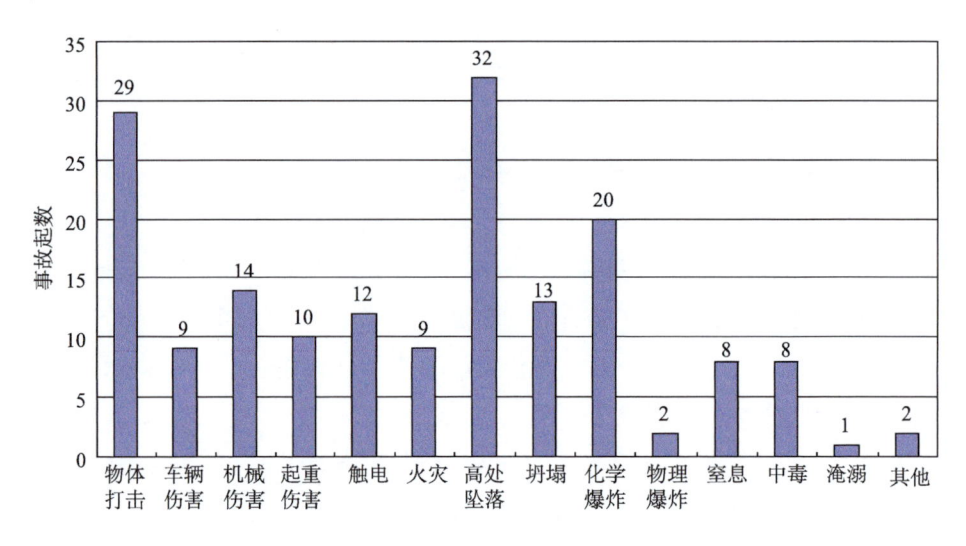

图 1-11 某石油公司 2006—2013 年事故分类柱状图

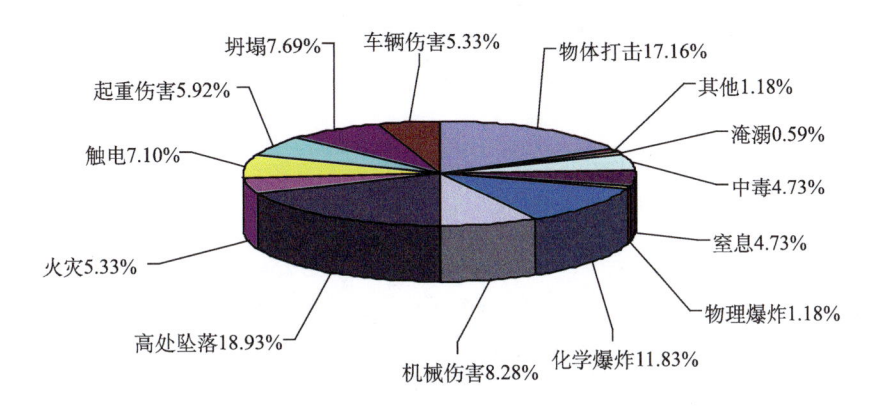

图 1–12　某石油公司 2006—2013 年事故分类饼状图

（一）高处作业常见事故类型

（1）高处坠落：作业人员从高处坠落，伤及本人或伤及作业面以下其他人员。高处坠落伤害是高处作业最主要的事故类型之一，在高处作业常见事故类型中其占比达到九成以上。

案例 1：2014 年 7 月 24 日，某石化公司设备安装公司在炼油厂催化二联合车间 $3×10^6$t/年重油催化裂化装置烟气能量回收系统余热锅炉烟道内的临界流速喷嘴衬里的修复作业过程中，承担受限空间作业监护任务的一名员工坠入烟道与余热锅炉之间的水封罐内死亡。

案例 2：2014 年 10 月 24 日，某加油站安排工作人员在建筑物外墙悬挂宣传横幅时，一名作业人员不慎从距地面高度 3m 的墙面挑檐上坠落死亡。

（2）物体打击：高处作业过程中，作业人员随身携带的工具、物件或设备设施零部件从高处掉落，伤及作业面以下人员。

案例：1994 年 9 月，某钻井队起完井架，一名员工登上距钻台面 4.5m 的人字架上固定 U 型卡子，扳手不慎从高处掉落，砸在钻台面一名员工左肩，造成肩部受伤。

（3）触电：高处作业人员进行电器设备检维修时，设备漏电、作业平台突然带电或触碰带电体等，可能引发高处作业人员触电。

案例：1988 年 11 月，某钻井队一名员工交接班前检查发现井架左侧井架一照明灯不亮，随后登上井架更换该照明灯泡，作业过程中因未断掉井架照明电源，不慎触电，从距地面 19m 高的井架上坠落死亡。

（4）火灾：作业人员在高处从事电焊、氧气切割或打磨等动火作业产生的火花、焊渣引燃作业面或作业面以下易燃物品，引发火灾。

案例：2011年5月31日下午，江苏南通"第一高楼"在进行外部装修时，电焊火花引燃大楼西南角外保温材料，引发大火，所幸未造成人员伤亡。

（二）高处作业主要危害因素

1. 人的因素

人的因素主要表现为作业人员能力不够、身体条件不符合登高要求、注意力不集中及违章操作等，具体见表1-4。

表1-4 高处作业主要危害因素（人的因素）

序号	危害因素描述
1	人员未进行安全培训或未持有效证件作业
2	作业人员患有恐高、癫痫、心脏、高血压等高处作业禁忌症
3	作业人员身体不适或突发其他疾病
4	作业人员疲劳或注意力不集中
5	作业人员未按规定使用安全防护设施和个人防护用品
6	作业人员脚下打滑或失手
7	作业人员冒险进入危险区域
8	指挥人员违章指挥
9	作业人员违规从高处丢扔东西
10	作业人员未执行作业许可管理（高处、动火、用电、电器设备维修等）

2. 物的因素

物的因素主要表现为安全防护设施缺失、高处物件无防掉措施及危险区域未隔离警示等，具体见表1-5。

表1-5 高处作业主要危害因素（物的因素）

序号	危害因素描述
1	作业区域无梯子、栏杆、生命线、防坠落装置、安全网等安全防护设施
2	安全防护设施失效
3	作业通道、平台或梯子固定不牢
4	作业通道、平台有坑洞
5	手工具、零部件未拴保险绳

续表

序号	危害因素描述
6	随身物品未清理或未采取有效固定措施
7	人员上下无梯子或通道
8	危险区域无隔离、警示
9	交叉作业无隔离网
10	鞋不防滑或防滑效果不好

3. 环境因素

环境因素主要表现为雨雪等恶劣天气下作业、危险区域交叉作业、作业区域光线不足等，具体见表1-6。

表1-6　高处作业主要危害因素（环境因素）

序号	危害因素描述
1	大风、降雨、降雪天气作业
2	高、低温环境下作业
3	作业平台有油泥、水雪等易滑物
4	作业通道、平台有障碍物
5	危险区域交叉作业
6	作业区域光线不足
7	离带电体安全距离不够

4. 管理因素

管理因素主要表现为未按要求配备安全防护设施、未按要求安排人员对作业进行监护、未建立相关作业程序或管理制度、未组织作业人员参加相关培训等，具体见表1-7。

表1-7　高处作业主要危害因素（管理因素）

序号	危害因素描述
1	未按要求配备安全防护设施
2	未按要求安排人员对作业进行监护

续表

序号	危害因素描述
3	未按要求对作业人员进行体检
4	未建立相关作业程序或管理制度
5	未组织作业人员参加相关培训
6	未按要求实行作业许可管理
7	未组织进行作业风险辨识和控制

七、高处坠落伤害

高处坠落伤害是现代常见的损伤之一。据 2008 年美国劳工统计局的统计数据显示，2006 年盖顶工人发生的职业损伤中，高处坠落导致的最多，占到 81%。

（一）坠落高度与伤害严重性

人员受伤严重程度与其身体坠落单位面积上所受到的冲击力大小有着直接关系，冲击力越大，受伤程度就越严重。

根据能量守恒定律，当受力时间 t 和物体质量 M 不变时，冲击力大小与速度成正比，即速度越大所承受的冲击力就越大，见式（1-1）：

$$Ft = Mv \qquad (1-1)$$

式中 F——冲击力，N；

t——受力时间，s；

M——物体质量，g；

v——速度，m/s。

自由落体运动中，坠落速度大小与坠落垂直高度成正比，即垂直高度越高，物体的坠落速度越大，见式（1-2）：

$$v = \sqrt{2gH} \qquad (1-2)$$

式中 v——速度，m/s；

g——重力加速度，m/s²；

H——坠落高度，m。

通过以上推理可以得出这样的结论：人员从高处坠落后，其受伤严重程度与坠落高度成正比。根据有关统计资料,坠落高度与受伤严重程度存在如表 1-8 所示的关系。

表 1-8 坠落高度与受伤严重程度关系

坠落高度,m	受伤严重程度
2	50% 受伤
4	100% 受伤,甚至死亡
12	50% 死亡
≥ 15	100% 死亡

(二)高处坠落常见的受伤部位

1. 颅脑损伤

颅脑损伤一般是由于直接撞击力的传导、加速和减速过程中的线性冲击力导致局部头皮受损、骨折或局部颅内组织损伤。谭宗奎等报道,高处坠落致颅脑损伤发生的概率在 41%~45%,占高处坠落合并伤的第一位。人类颅骨结构如图 1-13 所示。

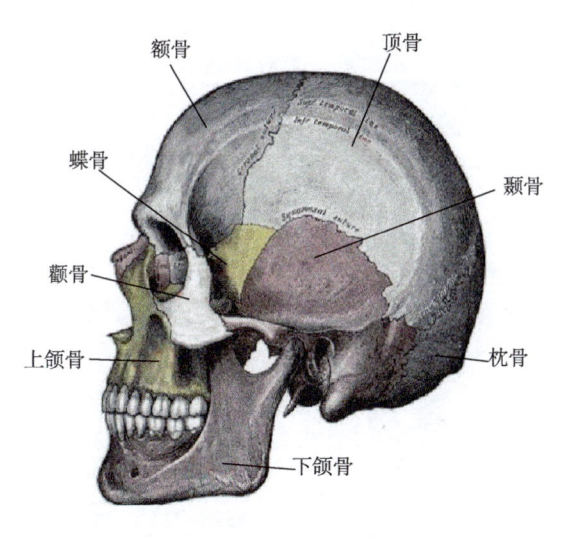

图 1-13 人类颅骨结构

2. 脊柱损伤

高处坠落常导致脊柱损伤。据国外文献报道,高处坠落的病人中有 22%~54% 发生脊柱骨折,2%~5% 合并有脊髓损伤。人类脊柱结构如图 1-14 所示。

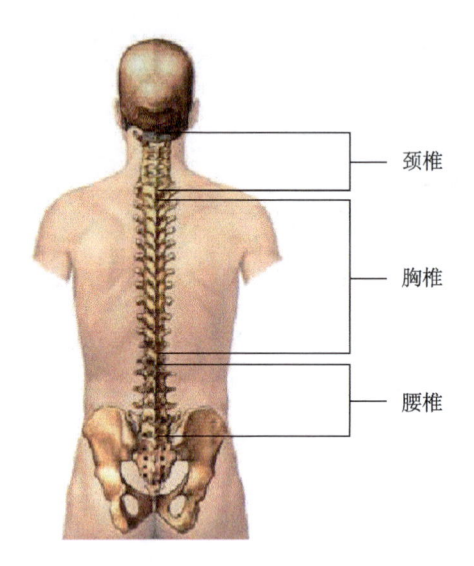

图 1-14　人类脊柱结构

3. 肢体损伤

高处坠落着地时产生的冲击力常导致肢体损伤。其中，下肢体受伤的概率要明显高于上肢体，且受伤部位多靠近肢端，即关节附近。人类肢体结构如图 1-15 所示。

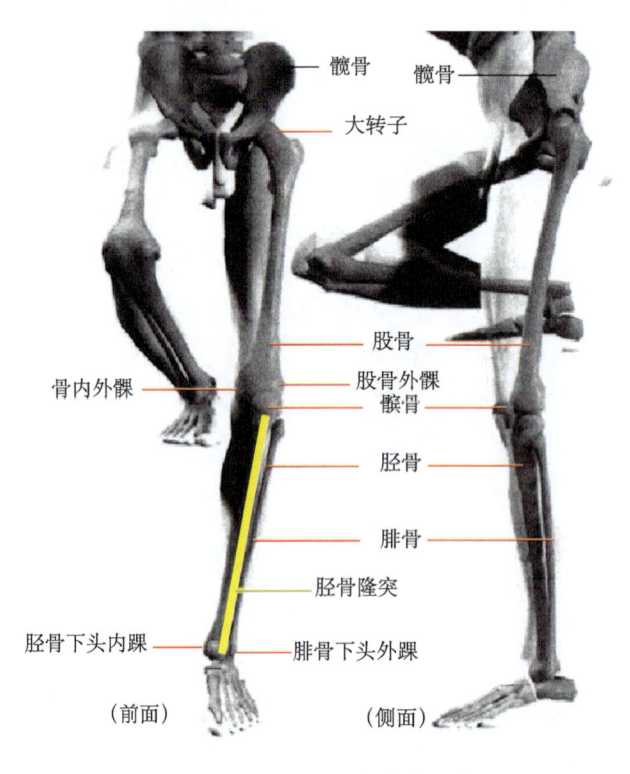

图 1-15　人类肢体结构

4. 其他部位损伤

当然，除了以上损伤部位外，当高处坠落过程中遇到障碍物、着地时着地部位不同或钝器伤，还可能导致脏器伤或躯体其他部位的损伤。

（三）高处坠落急救

1. 现场救护基本要求

（1）急救人员经过专业培训，具备一定的现场急救常识和技能。

（2）现场常备必要的急救器材，如担架、夹板及止血等器材。

（3）未判断清楚人员受伤部位及受伤严重程度前，现场急救人员不要盲目施救，更不能随意搬动伤者。

（4）第一时间拨打"120"等求救电话，借助外部专业救援力量。

（5）专业救援人员到达前，现场急救人员应根据伤者伤情及现场条件开展必要的救援，如止血、固定骨折部位、心肺复苏等。

2. 现场救护流程

（1）有高处坠落伤员时，第一时间拨打"120"急救电话，并询问高处坠落伤员伤情，判定伤员意识是否清醒，有无出血、骨折、颅脑外伤、颈腰椎外伤等情况，在未辨明伤情前勿盲目搬动。

（2）当发生人员轻伤时，现场人员应采取防止受伤人员二次受伤的救护措施，将受伤人员运离危险地段，并向应急救援指挥部报告。

（3）遇有创伤性出血的伤员，迅速包扎止血，使伤员保持在头低脚高的卧位，并注意保暖。

（4）针对有颅脑外伤的伤员，应进行包扎止血，注意保暖，不要盲目搬运。

（5）如伤员呼吸心跳已停止，立即将伤员平置于地面或木板上，进行心肺复苏，心肺复苏抢救持续至病人苏醒或专业救护人员到现场。

（6）如伤员伴有颈、腰椎受伤，忌盲目搬运，在确保现场安全的前提下，保持伤员原有体位，就地取材固定伤员受伤部位，等待专业救护人员到现场。

（7）如有手足骨折，不要盲目搬运伤者，就地取材对骨折部位临时固定，使断端不再移位或刺伤肌肉、神经、血管。

（8）以上救护过程在"120"医疗急救人员到达现场后结束，工作人员应配合"120"医疗急救人员进行救治。

图1-16标识了人员受伤后的现场急救流程。

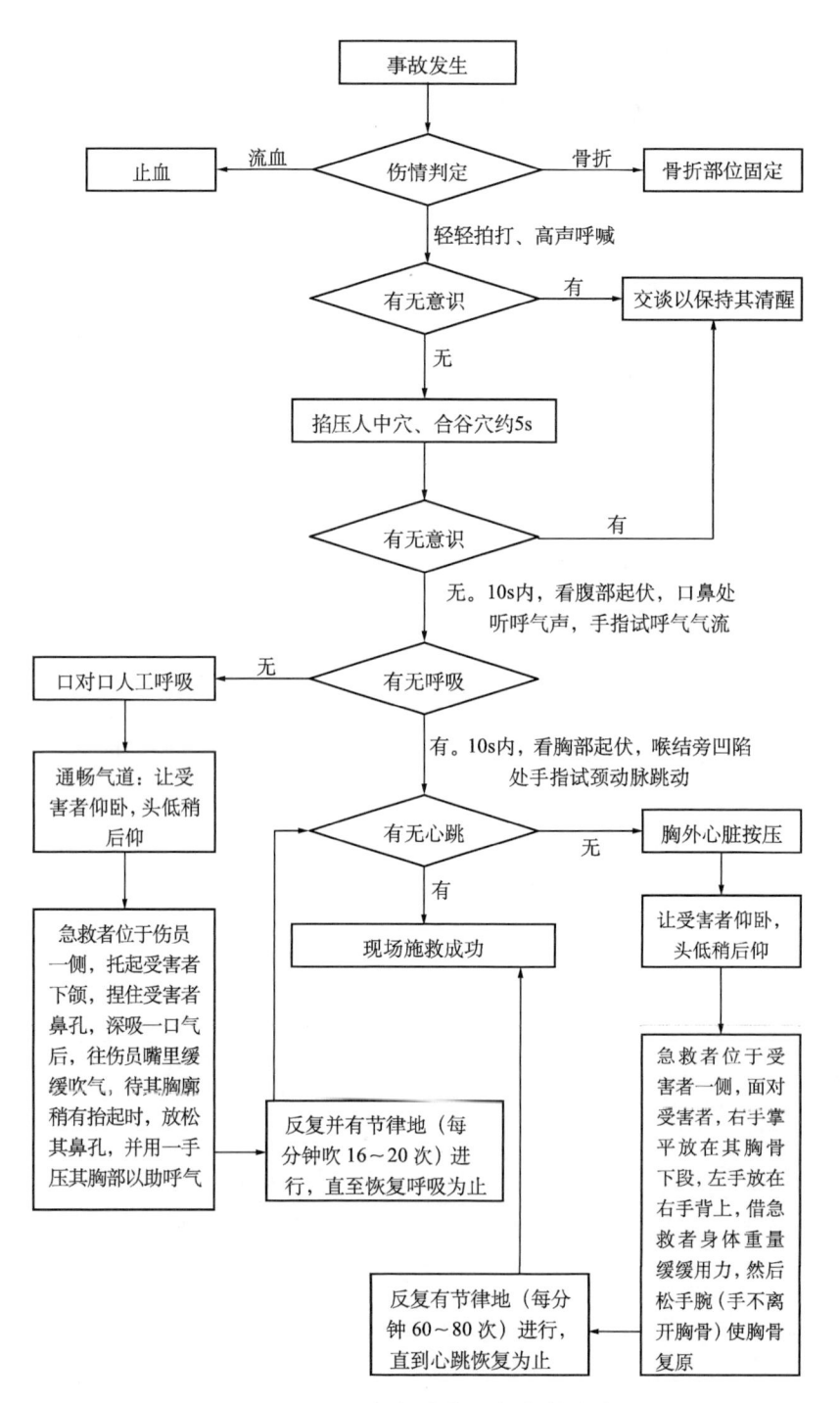

```
                    ┌──────────┐
                    │ 事故发生 │
                    └────┬─────┘
                         ▼
    ┌──────┐  流血   ╱──────────╲   骨折   ┌──────────────┐
    │ 止血 │◄────── ╲  伤情判定  ╱ ──────►│ 骨折部位固定 │
    └──────┘         ╲──────────╱          └──────────────┘
                         │
                         ▼ 轻轻拍打、高声呼喊
                    ╱──────────╲   有   ┌──────────────────┐
                    ╲ 有无意识 ╱ ──────►│ 交谈以保持其清醒 │
                    ╲──────────╱         └──────────────────┘
                         │无                        ▲
                         ▼                          │
              ┌──────────────────────────┐          │
              │ 掐压人中穴、合谷穴约5s   │          │
              └────────────┬─────────────┘          │
                           ▼                        │
                    ╱──────────╲   有               │
                    ╲ 有无意识 ╱ ───────────────────┤
                    ╲──────────╱                    │
                         │无。10s内,看腹部起伏,口鼻处
                         │   听呼气声,手指试呼气气流
                         ▼
  ┌──────────────┐  无   ╱──────────╲
  │ 口对口人工呼吸│◄──── ╲ 有无呼吸 ╱
  └──────┬───────┘       ╲──────────╱
         ▼                    │有。10s内,看胸部起伏,喉结旁凹陷
  ┌──────────────┐             │   处手指试颈动脉跳动
  │ 通畅气道:让受│             ▼
  │ 害者仰卧,头低│       ╱──────────╲   无   ┌──────────────┐
  │ 稍后仰        │       ╲ 有无心跳 ╱ ──────►│ 胸外心脏按压 │
  └──────┬───────┘       ╲──────────╱        └──────┬───────┘
         ▼                    │有                    ▼
  ┌──────────────┐        ┌──────────┐        ┌──────────────┐
  │急救者位于伤员 │        │现场施救  │        │让受害者仰卧, │
  │一侧,托起受害 │        │成功      │        │头低稍后仰    │
  │者下颌,捏住受 │        └──────────┘        └──────┬───────┘
  │害者鼻孔,深吸 │             ▲                    ▼
  │一口气后,往伤 │             │              ┌──────────────┐
  │员嘴里缓缓吹气 │             │              │急救者位于受  │
  │,待其胸廓稍有 │             │              │害者一侧,面对│
  │抬起时,放松其 │             │              │受害者,右手掌│
  │鼻孔,并用一手 │             │              │平放在其胸骨  │
  │压其胸部以助呼 │             │              │下段,左手放在│
  │气             │             │              │右手背上,借急│
  └──────┬───────┘             │              │救者身体重量  │
         ▼                      │              │缓缓用力,然后│
  ┌──────────────┐              │              │松手腕(手不离│
  │反复并有节律地 │              │              │开胸骨)使胸骨│
  │(每分钟吹16~20│──────────────┤              │复原          │
  │次)进行,直至 │              │              └──────┬───────┘
  │恢复呼吸为止   │              │                     ▼
  └──────────────┘              │              ┌──────────────┐
                                │              │反复有节律地  │
                                └──────────────│(每分钟60~80 │
                                               │次)进行,直到│
                                               │心跳恢复为止  │
                                               └──────────────┘
```

图 1-16 人员受伤现场急救流程

八、高处作业常用安全防护设施

（一）安全帽

1. 型号及材质要求

安全帽按用途分为一般作业类（Y类）安全帽和特殊作业类（T类）安全帽两大类。其中T类又分成五类：T1类，适用于有火源的作业场所；T2类，适用于井下、隧道、地下工程、采伐等作业场所；T3类，适用于易燃易爆作业场所；T4（绝缘）类，适用于带电作业场所；T5（低温）类，适用于低温作业场所。

高处作业安全帽属于一般作业类（Y类）安全帽。它由帽壳、帽衬、下颌带、后箍等组成，如图1-17所示。其帽壳材质一般为玻璃钢、聚碳酸酯塑料、ABS塑料、超高分子聚乙烯塑料或改性聚丙烯塑料。

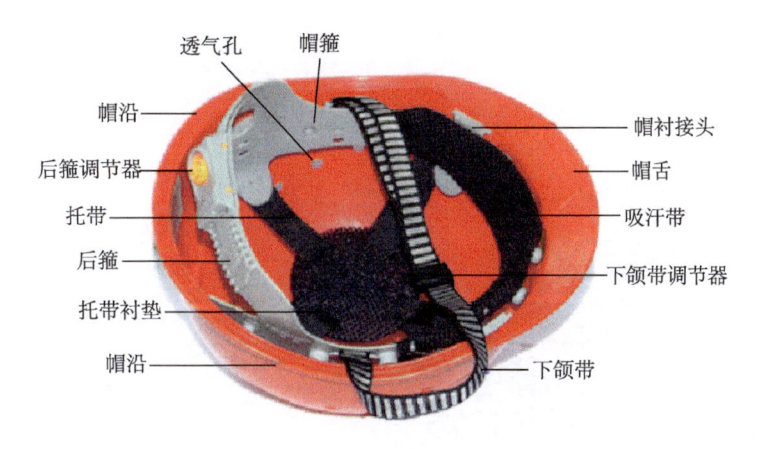

图1-17 安全帽结构示意图

2. 安全帽的使用

安全帽的佩戴要符合标准，使用要符合规定。如果佩戴和使用不正确，就起不到充分的防护作用。一般应注意下列事项：

（1）戴安全帽前应将帽后调节系统按自己头型调整到适合的尺寸位置。缓冲衬垫的松紧出厂时已调节好。人的头顶和帽体内顶部的空间垂直距离一般在25～50mm，不要小于32mm为好。这样才能保证当遭受到冲击时，帽体有足够的空间可供缓冲，平时也有利于头和帽体间的通风透气。

（2）不要把安全帽歪戴，也不要把帽沿戴在脑后方，否则会降低安全帽对于冲击的防护作用。

（3）安全帽的下颌带必须扣在颌下，并系牢，松紧要适度。保证佩戴时安全帽不至于被大风吹掉，或者被其他障碍物碰掉，或者由于头的前后摆动及不慎跌倒，使安全帽脱落，导致安全事故发生。

图 1—18 为安全帽常见不正确佩戴方法与正确佩戴方法示意图。

图 1—18　安全帽佩戴方法示意图

（4）使用安全帽时，不要为了透气而在帽壳上随意开孔，因为这样将会使帽体的强度降低，帽壁与内衬的佩戴距离足可达到透气散热的作用。

（5）安全帽在使用过程中会逐渐损坏，所以要定期检查，检查有没有龟裂、下凹、裂痕和磨损等情况，发现异常现象要立即更换，不应再继续使用。任何受过重击、有裂痕的安全帽，不论有无损坏现象，均应报废。

（6）严禁使用只有下颌带与帽壳连接的安全帽，也就是帽内无缓冲层的安全帽。

（7）新领的安全帽，首先检查是否有允许生产的证明、安全标志证明及产品合格证，再看是否破损、薄厚不均，缓冲层、调整带和弹性带是否齐全有效。不符合规定要求的立即调换。

（8）安全帽应保持整洁，不能接触火源，不要任意涂刷油漆，不准当凳子坐于身下。

3. 安全帽报废标准

出现以下情况之一,安全帽应做报废处理:

(1) 受到过严重冲击的。

(2) 变形或破损的。

(3) 从出厂日期算起已经使用或储存 30 个月以上的。

(二)防滑鞋

从事一般性高处作业宜穿着软底防滑鞋,如图 1-19 所示,禁止穿硬底或带钉易滑的鞋。当然,在特殊作业条件下,除满足防滑要求外,还应满足其他安全要求,如高处带电作业还应满足绝缘要求,腐蚀环境下还应满足防腐要求等。

(三)安全带

1. 安全带的类型

高处作业用安全带根据其作业类型和保护用途不同,分为区域限制安全带、围杆作业安全带和坠落悬挂安全带三类。

(1) 区域限制安全带:用于限制作业人员的活动范围,避免其到达可能发生坠落区域的安全带,如图 1-20 所示。

图 1-19　软底防滑鞋　　图 1-20　区域限制安全带

(2) 围杆作业安全带:通过围绕在固定构造物上的绳或带,将人体绑定在固定的构造物附近,使作业人员的双手可以进行其他操作的安全带,如图 1-21 所示。

图 1-21　围杆作业安全带

(3) 坠落悬挂安全带：高处作业或登高人员发生坠落时，将作业人员悬挂的安全带。坠落悬挂安全带根据操作、穿戴类型的不同，可以分为全身安全带和半身安全带两类：

①全身安全带，即安全带包裹全身，配备了腰、胸、背多个悬挂点，如图1-22所示。它一般可以拆卸为一个半身安全带及一个胸式安全带。全身安全带最大的应用是能够使救援人员采取"头朝下"的方式作业，而无需考虑安全带滑脱。比如在深井类救援中，需要救援人员"头朝下"深入并靠近被困人员，此时应使用全身安全带。

图 1-22　全身安全带

②半身安全带，即安全带仅包裹半身，如图1-23所示。它的使用范围相对全身安全带而言较窄，一般用于"坐席悬垂"。

图 1-23　半身安全带

安全带按照挂钩数量不同，分为单挂钩安全带和双挂钩安全带，如图 1-24 和图 1-25 所示。

图 1-24　单挂钩安全带　　　图 1-25　双挂钩安全带

2. 安全带使用要求

（1）安全带应高挂低用，尾绳长度达到 3m 以上的应加缓冲器。

（2）缓冲器、速差式装置和自锁钩可以串联使用。

（3）安全带上的各种部件不得任意拆除。

（4）安全带在每次使用前必须进行外观检查。

3. 安全带的检测及判废标准

（1）安全带使用两年后，应进行一次抽检。围杆式安全带做静负荷试验，以 2206N 拉力拉伸 5mm，如无破断方可继续使用。悬挂式安全带冲击试验时，以 80kg 做自由坠落试验，若无破断，该批安全带可继续使用。对抽试过的样带，必须更换安全绳后才能继续使用。

（2）安全带正常使用期为3～5年。当出现缝线开裂、带体破损、钩环变形或自锁装置失效等情况时，应报废换新。当发生高处坠落或安全带承受过较大冲击载荷时，该保险带也应按报废处理，不得再用。

（四）安全网

安全网是高处作业必不可少的防护用品，按安装位置不同分为立网和平网，如图1-26和图1-27所示。因不同施工项目的不同安全要求，其安全网的规格和架设方法也有所不同。

图1-26　立网安全网　　　　　　　图1-27　平网安全网

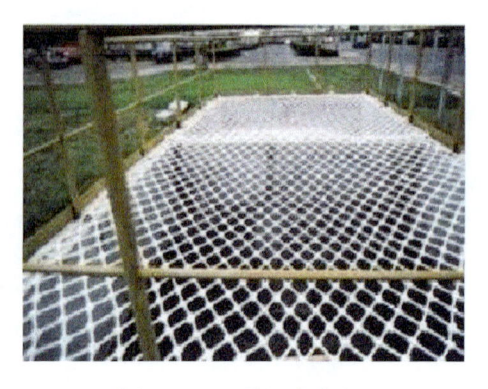

1. 安全网材质及规格要求

安全网材质为锦纶、维纶、涤纶或其他材质，阻燃性为续燃和阴燃不大于4s。平网网孔形状一般为正方形或菱形，边长不大于8cm，大多采用直径为5mm的尼龙绳（也有用涤纶绳）编结而成。立网一般为密目网，网孔直径不大于12mm。

2. 安全网架设要求

（1）高处作业部位的下方必须张挂安全网。当建筑物高度超过4m时，必须设置一道随墙体逐渐上升的安全网，以后每隔4m再设一道固定安全网；在外架、桥式架以及上、下对孔处都必须设置安全网。

（2）安全网的架设应里低外高，支出部分的高低差一般在0.5m左右。支撑杆件无断裂、弯曲。网内缘与墙面间隙要小于0.15m，网最低点与下方物体表面距离要大于3m。

（3）安全网架设所用的支撑，木杆的小头直径不得小于 7cm，竹杆小头直径不得小于 8cm，撑杆间距不得大于 4m。

（4）要经常清理网内的杂物；在网的上方实施焊接作业时，应采取防止焊接火花落在网上的有效措施；网的周围不要长时间的有严重的酸碱烟雾。

（5）立网和平网必须严格地区分开，立网绝不允许当平网使用；架设立网时，底边的系绳必须系结牢固。

（五）攀升保护器

攀升保护器适用于直梯和蹬梯，可根据标准结合全身安全带在不同工况下使用。

1. 攀升保护器组成

直梯攀升保护器主要由攀升保护器主件、ϕ8mm 钢丝牵索、钢丝绳卡子、花篮螺栓及 U 型环组成，图 1-28 为攀升保护器主件图。

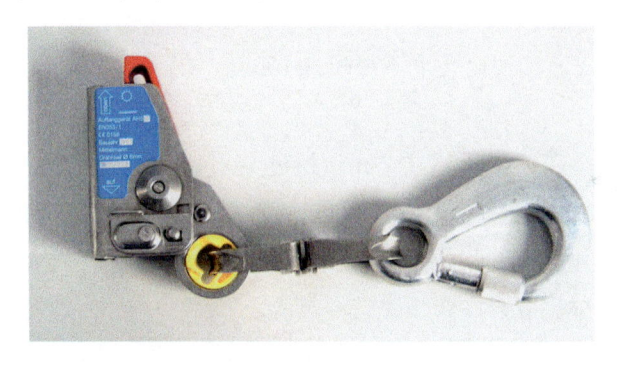

图 1-28 直梯攀升保护器主件

2. 攀升保护器安装

（1）用钢丝绳卡子及花篮螺栓将 ϕ8mm 钢丝牵索绷直，固定在直梯两端。

（2）逆时针方向旋转攀升保护器主件上滚花指拧螺钉，按下联锁杆到解锁位置并保持，将防坠器打开。

（3）保持红色推动箭头和太阳符号朝上，向上压黄孔柄，将处于该位置的防坠器环绕绳索并锁紧防坠器。待到联锁杆闭锁，顺时针旋转滚花指拧螺钉将螺钉锁紧。

3. 攀升保护器使用

高处作业人员将多功能安全带穿上，并调整带扣，使松紧适度，将直梯攀升保护器挂钩挂到多功能安全带胸前挂环上，即可在直梯环境下作业。

4.攀升保护器检维修要求

（1）保护器出现过坠落保护情况的，应立即停止使用，并送到生产商或专业维修车间进行维修和重新测试。

（2）正常情况下，必须由生产商或专业人员一年至少检查一次。

（3）正常使用条件下，牵索使用寿命为 4～6 年。

（六）生命线

生命线是带柔性钢缆的锚固装置，其主要组成包括滑梭、缓冲器、中间支架、末端支架等。生命线是高处安装、维护和清洁工作的安全保护装置，如图 1-29 所示。

1.生命线材质要求

生命线应为直径不小于 1.2cm 的镀锌钢丝绳。

2.生命线安装要求

（1）每条生命线连续拉设长度不得超过 100m，如果超过 100m 必须设置刚性节点，防止生命线下垂。

（2）生命线最大跨度不得超过 12m，超过 12m 时应在中间增加一个固定立杆。

（3）生命线首尾两端的固定支架要能承受 22kN 的冲击载荷和 15kN 的静态持续载荷，中间支撑架要能承受 8kN 的冲击载荷和静态持续载荷。

（4）生命线安装完成后应组织进行专项验收。

图 1-29　生命线

（七）速差自控器

高处作业用速差自控器是一种速差式防坠器，其安装在挂点上，装有可伸缩长度的绳（带、钢丝绳），串联在安全带和挂点之间。

1. 速差自控器结构组成及工作原理

组成：速差自控器是由缓冲器、连接器（挂钩）和连接绳（安全绳）三部分构成，如图1-30所示。

工作原理：当使用者上升或下降时，安装在坠落制动器内的伸缩式弹簧会使系带始终保持紧绷状态。一旦发生坠落，当钢丝绳下坠速度超过1m/s时，转轮带动制动齿动作，将转轮制动，钢丝绳被止住，使工作人员不会继续坠落。在正常情况下，会将自由坠落阻止在小于0.2～0.8m的距离范围内。当钢丝绳的拉力被解除后，在弹簧的作用下，转轮反向转动将制动齿复位，释放转轮，防坠器又恢复正常工作状态。缓冲器内部结构如图1-31所示。

2. 速差自控器的挂点要求

（1）速差自控器应设置在操作者的上方，如图1-32所示。

（2）速差自控器固定点具有不小于10kN的强度。

（3）速差自控器固定点位于作业面的垂直轴心线上，最大角度为±30°。

图1-30　速差自控器结构图

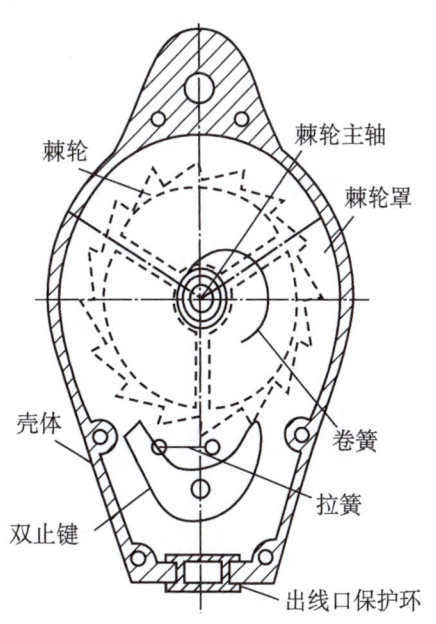

图1-31　缓冲器内部结构

图 1-32 速差自控器挂点示意图

3. 速差自控器使用要求

（1）每次使用前，必须检查试验，以确保灵敏安全。

（2）使用完后，一定要确保钢丝绳回收至防坠落器内部，以免钢丝绳磕碰受伤或沾染油污灰尘造成失灵。

（3）拆除搬迁时，要先卸下防坠落器，妥善保管，避免磕碰、摔、压，以免壳体破裂变形。

（4）绳索不得沾染油污、酸、碱等腐蚀性物质，冬天不能有冰雪附着。如有油污或冰雪，应用干净棉纱擦拭干净后再收回壳体内。

（5）如果出现钢丝绳有断丝、变形或收缩不灵活等情况，应禁止使用。

（6）超出说明书中规定的使用次数，应立即报废。

第二节　石油钻井工程高处作业基本情况

一、石油钻井工程简介

石油钻井工程是利用机械设备，将地层钻成具有一定深度的圆柱形孔眼的工程。在油气勘探初期，实施钻井工程的主要目的是为了获取地层资料，如地层岩心、岩屑、液（气）态样及地层理化特性等。进入油气开发阶段，实施钻井工程的目的主要是为油气从地层中采出提供一个运移通道。可以说，钻井工程是进行石油与天然气资源勘探开发的主要工程，在油气勘探开发过程中发挥着重要作用。

（一）钻井设备组成

为满足钻井工艺要求，整套钻机主要由提升系统、旋转系统、循环系统、动力系统、传动系统、控制系统、钻机底座和辅助系统八大系统构成。

1. 提升系统

为了实现起下钻具、下套管、钻进等作业，钻机必须要具备一套完善的提升系统。该系统主要由绞车、井架、游动系统等组成。

2. 旋转系统

旋转系统主要功能是驱动钻具旋转，通过钻具将扭矩传递给钻头，达到切屑破碎地层岩石的目的。该系统主要包括转盘和水龙头两部分。当然，随着设备技术进步，顶驱设备代替了转盘和水龙头一部分主要功能，成为钻机旋转系统未来发展的方向。

3. 循环系统

钻机循环系统主要包括钻井泵、地面高压管汇、立管、钻井液固控设备及循环罐（钻井液池）等。该系统的主要功能是循环钻井液清洗井底，将钻屑从井底及时带出井筒。定向井和水平井钻井工艺，循环系统还承担着传递动力和传导井下测量数据的任务。

4. 动力系统

动力系统负责给各工作机提供动力，如柴油机、发电机或交、直流电动机及供电、保护、控制设备等。

5. 传动系统

传动系统负责将动力机和各工作机联系起来，将动力传递并分配给各工作机，如联动、并车、变速、倒车机构等。

6. 控制系统

控制系统的主要功用是为了指挥和控制各机组、各系统协调工作，如气路控制、电路控制、液压控制等。

7. 钻机底座

钻机底座由下船、支架、上船及台板等组成，各部分之间通过螺栓、连接销等连成一个整体，用于放置和安装绞车、井架等设备设施。

8. 辅助系统

辅助系统包括钻井施工必备的一些设备和工具等，如井口工具、井控装置、供水、供油、起重以及安全防护等设备设施。

（二）钻井主要工序

钻井工程是一项系统工程，具体到一口井的施工，一般要经历设备搬迁、设备安装、一开作业、二开作业、完井作业、设备拆卸等主要工序。

1. 设备搬迁

一口井的钻前工程完成后，施工方就要按计划将钻井设备搬迁到新井场。由于大部分钻井设备的体积比较庞大，重量较重，需要吊车和大型运输车辆配合。完成一整套钻井设备的搬迁，其工作量一般在 50 车次以上。

2. 设备安装

设备搬迁到新井场后，钻井队要按照设备布局及井场条件，将设备逐一安装、摆放到位，经过系统调试，具备正常运转的条件。设备安装阶段同样需要 1～2 台大型吊车来配合，一般需要 2～3d 来完成。

3. 一开作业

具备开钻条件后，钻井队要向上级管理部门申请开钻，上级管理部门经过验收后可以签发开钻令，同意钻井队开钻。一开作业的主要内容包括：打导管、表层钻进、起钻、下表层套管、固表层套管、安装二开井口设备等。其主要目的就是封固上部易塌、易漏地层。

4. 二开作业

一开作业完成后，按照工程设计的要求，钻井队就可以继续向目的层钻进，完成设计井深或钻穿目的层后，按照甲方要求就可申请完钻。

5. 完井作业

完井作业主要包括：电测、下完井套管、固井、"测三样"、安装井口完井设施及试压等。其主要目的是封固已钻开地层，为下一步试油、采油提供作业通道。

6. 设备拆卸

完成本井场施工任务后，钻井队要将所有的设备设施进行拆卸，准备搬迁到下一个井场，继续施工。

二、石油钻井高处作业介绍

石油钻井是一项多工种、多工序、立体交叉、连续作业的系统工程，施工过程中高处作业是常见的作业之一。石油钻井高处作业贯穿整个施工过程，但主要集中在设备拆搬安阶段和钻井阶段的部分工况，如井架拆装、钻台面设备设施拆装、循环罐面设备设施拆装、起下钻、井架检查及设备检维修等。由于受设备、环境、人员及管理等因素影响，高处坠落事故时有发生。据统计，某钻井公司2001—2014年，14年间共发生高处坠落伤害事故14起，占所发生的生产安全事故总起数的5.2%，造成2人死亡，5人重伤。虽然事故的频次不高，但造成的后果比较严重。

（一）设备拆、搬、安期间的高处作业

1. 钻台拆装

钻台拆装作业主要包括拆装绞车、电磁刹车、转盘、钻台偏房及支架、钻台底座、铺台、栏杆、梯子等，如图1-33至图1-35所示。拆装阶段，由于安全防护不全或作业条件限制，作业人员一般都站在高处临边作业或借助简易梯子配合拆装，很容易发生人员坠落。

图 1-33　拆钻台底座

图 1-34　拆钻台铺台

图 1-35　拆装钻台偏房支架

表1-9为钻台拆装主要作业内容及危害因素。

表1-9 钻台拆装主要作业内容及危害因素

序号	作业内容	危害因素
1	拆装绞车大梁及绞车	(1) 人员摘挂绳套时从高处跌落。 (2) 人员拆装绞车固定时从梯子上掉落
2	拆装钻台铺台	(1) 人员拆装连接销或螺栓时从高处跌落。 (2) 连接销或螺栓从高处掉落伤人。 (3) 大锤、撬杠、扳手等手工具从高处掉落伤人
3	拆装偏房支架	(1) 人员摘挂绳套时从支架上跌落。 (2) 人员拆装支架固定连接销时从高处掉落
4	拆装偏房	人员摘挂绳套从高处坠落
5	拆装钻台底座	(1) 人员拆装连接销时从高处跌落。 (2) 连接销从高处掉落伤人。 (3) 大锤、撬杠、扳手等手工具从高处掉落伤人
6	拆装井架U型固定	(1) 人员拆装U型固定时从高处跌落。 (2) U型卡子从高处掉落伤人。 (3) 扳手等手工具从高处掉落伤人
7	取挂起井架大绳	(1) 人员从井架上坠落。 (2) 绳套从高处掉落伤人
8	拆装钻台栏杆	(1) 人员从钻台边沿掉下钻台。 (2) 栏杆从高处掉落
9	拆装钻台梯子	(1) 人员从钻台梯子口掉下钻台。 (2) 梯子从高处掉落伤人。 (3) 人员从梯子或转角平台掉落
10	拆装大门坡道	(1) 人员从钻台大门坡道口掉下钻台。 (2) 大门坡道从高处掉落伤人
11	拆装转盘大梁	(1) 人员拆装连接销时从高处跌落。 (2) 连接销从高处掉落伤人。 (3) 大锤、撬杠、扳手等手工具从高处掉落伤人
12	拆装钻台下管线、电缆	人员从钻台底座或梯子上滑落

2. 游动系统拆装

游动系统拆装时的高处作业主要体现在有顶驱的设备上。顶驱的拆装和日常保养主要有顶驱导轨拆装、电缆及液压管线拆装等，如图1-36和图1-37所示。导轨拆装时人员主要站在井架上配合，人员及工具坠落的风险更大，如图1-38所示。

图1-36　拆装顶驱

图1-37　拆装顶驱线缆

图 1-38　拆装顶驱导轨

表 1-10 为游动系统拆装主要作业内容及危害因素。

表 1-10　游动系统拆装主要作业内容及危害因素

序号	作业内容	危害因素
1	拆装顶驱导轨	(1) 人员从井架横梁上跌落。 (2) 高处工具掉落伤人
2	拆装电缆及液压管线	(1) 人员从井架横梁上跌落。 (2) 高处工具掉落伤人。 (3) 电缆或液压管线掉落伤人
3	拆装顶驱	(1) 人员从井架横梁或顶驱上跌落。 (2) 高处工具掉落伤人

3. 井架拆装

井架拆装是一项比较复杂的作业，拆装过程中，多数作业需人员在高处配合。受制于作业条件限制，配合人员上下井架时并没有设计专用的通道或辅助设施。如果井架本体没有设计安全带尾绳锚固点或锚固线，人员长距离移动时需摘掉安全带尾绳，这样，安全带就起不到应有的保护作用，人员容易从井架上掉落。井架拆装如图 1-39 至图 1-41 所示。

表 1-11 为井架拆装主要作业内容及危害因素。

图 1-39　拆装天车固定螺栓

图 1-40　拆装人字架

图 1-41　拆装井架主体

表 1-11　井架拆装主要作业内容及危害因素

序号	作业内容	危害因素
1	拆装井架主体	(1) 人员从井架上掉落。 (2) 手工具、连接销从高处掉落
2	拆装天车头	(1) 人员从井架上掉落。 (2) 手工具、连接销从高处掉落
3	拆装起井架大绳	(1) 人员从井架上掉落。 (2) 起井架大绳从高处掉下
4	在天车处配合穿大绳	(1) 人员从井架上掉落。 (2) 手工具从高处掉下
5	拆装井架照明及工业监控探头	(1) 人员从井架上掉落。 (2) 手工具等从高处掉落

4. 搬家运输

搬家运输过程中的高处作业主要有装卸人员站在设备上摘挂绳套、在运输车辆的马槽上配合装车等。人员上下设备摘挂绳套过程中可能存在滑跌风险，人员配合装车时上下车马槽也可能存在从马槽上掉落风险，如图 1-42 和图 1-43 所示。

图 1-42　设备上摘挂绳套

5. 其他作业

拆、搬、安期间，钻井现场涉及高处作业的还有外围设备中循环罐、水罐、油罐的拆安、柴油机排气管拆安、铺设钻井液池防渗布、拆安二层台逃生装置等，如图 1-44

所示。这些作业也易发生高处掉落事故。

图 1-43 人员站在车马槽上装卸设备

图 1-44 拆装油罐上罐

表 1-12 为拆、搬、安期间其他高处作业主要内容及危害因素。

（二）正常钻井期间的高处作业

1. 井架上作业

人员在井架上的作业主要有起下钻时的二层台作业，以及井架和附件检查、维修等临时性作业，如图 1-45 至图 1-47 所示。井架上作业属典型的高处作业，上下井架及在井架上作业过程中如果防护措施不到位，则极易发生人员高处坠落或高处落物伤害事故。由于坠落高度大，造成的伤害一般都比较严重。

表1-12 拆、搬、安期间其他高处作业主要内容及危害因素

序号	作业内容	危害因素
1	拆装循环罐罐面设备	(1) 人员从罐面上掉落。 (2) 罐面盖板不全,人员掉入罐内
2	拆装循环罐栏杆及铺台	(1) 人员从罐面上掉落。 (2) 栏杆、铺台从高处掉下
3	拆装生产水罐栏杆	(1) 人员从罐面上掉落。 (2) 栏杆从高处掉下
4	拆装生产水罐上罐	人员从下罐罐面上掉落
5	拆装油罐上罐	人员从下罐罐面上掉落
6	调整人字架导向滑轮	人员从导向轮横梁上掉下
7	拆安柴油机排气管	人员从柴油机上掉下
8	钻井液池边安装排污泵	人员从钻井液池边滑落钻井液池
9	钻井液池铺防渗布	人员从钻井液池边滑落钻井液池
10	安装二层台逃生装置	(1) 人员从二层台上跌落。 (2) 高处工具掉落伤人

图1-45 攀爬井架

图 1-46　井架二层台上作业

图 1-47　井架上检修作业

2. 井口设备拆装

井口设备的拆装主要为封井器拆装。在拆装防溢管、挡泥伞、出口管等过程中，需要人员站在封井器上配合作业，如图 1-48 所示。由于封井器上部没有足够的空间来满足作业安全需要，一旦掉落，会对身体造成严重伤害。如某钻井队在一次安装防溢管过程中，一员工骑在封井器伸缩缸上紧法兰螺栓，因扳手打滑重心失稳，从封井器上跌落到地面，造成肋骨骨折。

图 1-48　拆装井口作业

3. 检修设备

钻井队检维修过程中的高处作业涉及工况比较多，典型的有：检维修、保养顶驱；检修钻井泵液力端，如安全阀、空气包，如图 1-49 所示；检修井架上的附着设施，如处理井架上绳索跳槽、更换水龙带、检修井架照明；检修柴油机，如图 1-50 所示；检修钻井液池排污泵，如图 1-51 所示。这些作业均属于正常施工过程中设备检维修常见的高处作业，如有不慎，均可能导致人员高处坠落伤害或高处落物伤人事故。如 2000

图 1-49　检修钻井泵液力端

年10月,某钻井队柴油机司助站在梯子上给柴油机散热器加冷却液时,因突然开启加水泵,管线摆动导致该员工从梯子上跌落至机房台面上,尾椎受伤。2008年11月,某钻井队一名员工检维修钻井泵时,不慎从泵头滑下,造成其左腿骨折。

图 1-50　柴油机加冷却液　　　　　　图 1-51　钻井液池边调整排污泵

表 1-13 为正常钻井期间高处作业主要内容及危害因素。

表 1-13　正常钻井期间高处作业主要内容及危害因素

序号	工况	作业内容	危害因素
1	起下钻	井架二层台作业	(1) 攀爬井架过程中未使用防坠落装置,人员失足坠落。 (2) 人员身体探出候台栏杆,失足坠落。 (3) 高处手工具未抓牢掉落伤及下方人员。 (4) 游动系统挂碰二层台,二层台损坏,造成人员或附件坠落
2	拆装井口	开关井口灌浆管线阀门	人员从封井器或梯子上摔落
3		拆装封井器	拆装环形防喷器时,人员从平板防喷器上摔落
4		拆装防溢管	拆装防溢管法兰螺栓时,人员从封井器上摔落
5		拆装高架出口管	(1) 拆安出口管与防溢管之间连接时,人员从封井器上掉落。 (2) 摘挂高架出口管吊绳时,人员从出口管上摔落
6	电测	配合挂测井天滑轮	(1) 人员从井架上摔落。 (2) 手工具、绳套或滑轮从高处掉落

续表

序号	工况	作业内容	危害因素
7	检维修	检查井架	(1) 人员从井架上摔落。 (2) 工具从高处掉落
8	检维修	处理井架上各类绳索跳槽	(1) 人员从井架上摔落。 (2) 工具从高处掉落
9	检维修	更换水龙带	(1) 人员从井架上摔落。 (2) 工具从高处掉落
10	检维修	更换井架立管	(1) 人员从井架上摔落。 (2) 工具从高处掉落
11	检维修	检修、保养顶驱	(1) 人员从顶驱或吊篮上摔落。 (2) 工具从高处掉落
12	检维修	检修钻井泵空气包	(1) 人员从钻井泵上摔落。 (2) 空气包盖板从高处掉落
13	检维修	检修钻井泵安全阀	人员从钻井泵上摔落
14	检维修	更换水龙头冲管	(1) 人员从水龙头或梯子上摔落。 (2) 冲管、大锤从高处掉落
15	检维修	检修井架照明设施	(1) 人员从井架上摔落。 (2) 工具从高处掉落。 (3) 人员触电
16	检维修	检修井架上工业监控系统	(1) 人员从井架上摔落。 (2) 工具从高处掉落
17	检维修	钻井液池边更换排污泵	人员从钻井液池边沿滑入钻井液池
18	检维修	柴油机水箱加冷冻液	人员从柴油机水箱上跌落
19	其他	清洗井架卫生	人员从井架或梯子上摔落
20	其他	清洗钻台底座卫生	人员从底座或梯子上摔落
21	其他	井架安全检测	(1) 人员从井架上摔落。 (2) 工具、仪器从高处掉落
22	其他	使用震击器前捆绑大钩锁舌	(1) 人员从梯子上摔落。 (2) 工具从高处掉落
23	其他	拆装营房上设施（电视信号接收器等）	人员从房顶摔落

第二章

钻井现场高处作业管理

第一节　高处作业安全管理要求

一、通用要求

（1）坠落防护应通过采取消除坠落危害、预防坠落和坠落控制等措施来实现。坠落防护措施的优先选择顺序如下：

①尽量选择在地面作业，避免高处作业。
②设置固定的楼梯、护栏、屏障和限制系统。
③使用工作平台，如脚手架或带升降的工作平台等。
④使用限位安全绳，避免作业人员的身体靠近高处作业平台的边缘。
⑤使用坠落防护装备，如配备全身式安全带、速差自控器和救生索等。

（2）高处作业应办理高处作业许可证，无有效的高处作业许可证严禁作业。对于频繁的高处作业活动，在有操作规程或方案且风险得到全面识别和有效控制的前提下，可不办理高处作业许可。

（3）高处作业人员及搭设脚手架等高处作业安全设施的人员，应经过专业技术培训及专业考试合格，持证上岗，并应定期进行身体检查。对患有心脏病、高血压、贫血、癫痫、严重关节炎、手脚残废或服用嗜睡、兴奋等药物的人员，以及年老体弱、疲劳过度、视力不佳等其他不适于高处作业的人员，不得安排从事高处作业。

（4）高处作业过程中，作业监护人应对高处作业实施全过程现场监护，严禁无监护人作业。

（5）进行特级高处作业和以下特殊高处作业时，应编制安全工作方案。

①在室外完全采用人工照明进行的夜间高处作业。
②在无立足点或无牢靠立足点的条件下进行的悬空高处作业。
③在接近或接触带电体条件下进行的带电高处作业。
④在易燃、易爆、易中毒、易灼烧的区域或转动设备附近进行高处作业。
⑤在无平台和无护栏的塔、炉、罐等化工容器、设备及架空管道上进行的高处作业。
⑥在塔、炉、罐等化工容器设备内进行高处作业。
⑦在排放有毒、有害气体和粉尘的排放口附近进行的高处作业。
⑧其他特殊高处作业。

（6）高处作业与其他作业交叉进行时，应按指定的路线上下，不得上下垂直作业。如果需要垂直作业时，应采取可靠的隔离措施。

（7）高处动火作业、进入受限空间内的高处作业、高处临时用电等，除执行高处作业相关规定外，还应满足动火作业、进入受限空间作业、临时用电作业安全管理等相关要求。

（8）脚手架的使用执行 Q/SY 1246—2009《脚手架作业安全管理规范》，安全网的使用执行 GB 5725—2009《安全网》，脚扣的使用执行 AQ 6109—2012《坠落防护　登杆脚扣》。

二、消除坠落危害管理要求

（1）在作业项目的设计和计划阶段，应评估工作场所和作业过程高处坠落的可能性，选择安全可靠的工程技术措施和作业方式，避免高处作业。

（2）项目设计人员应能识别坠落危害，熟悉坠落预防技术及坠落防护装备的结构和使用。安全专业人员应在项目规划早期阶段，推荐合适的坠落防护措施和装备。

（3）设计时应考虑预留坠落防护装备接口，或减少、消除攀爬临时梯子的风险，作业平台上应设立永久性楼梯和护栏等。

（4）主体构件上的附件、辅助设施及坠落防护装备等应在地面上进行安装。

三、预防坠落管理要求

（1）如果不能完全消除坠落危害，应通过改善工作场所的作业环境来预防坠落。如安装楼梯、护栏、屏障、行程限制系统和逃生装置等。

（2）应避免临边作业，尽可能在地面预制好装设缆绳、护栏等设施的固定点，并尽可能在地面上进行组装。如必须进行临边作业时，应采取可靠的防护措施，各类洞口与深度在 2m 以上的敞口、边缘等处应设盖板或围栏，并设置安全标志，夜间还要挂灯警示。

（3）施工作业场所有可能坠落的物件，应一律先行撤除或加以固定；拆卸的物件、物料应及时清理；传递物件应使用专用工具，不应抛掷。

（4）应预先评估，在合适的位置预制挂点、救生索等坠落防护装备的固定点。

（5）宜采用脚手架、操作平台和升降机等作为安全作业平台。

（6）不应在不牢固的结构物（如石棉瓦、木板条等）上进行作业；不应在平台、孔洞边缘、通道或安全网内休息；不应在屋梁、桁架的上弦、支撑、砌体和不固定的构件等上行走或作业。

（7）梯子使用前应检查结构是否牢固。踏步间距不应大于 0.3m；人字梯应有坚固的铰链和限制跨度的拉链；不应踏在梯子顶端工作。用直梯时，脚距梯子顶端不应少于四步，用人字梯时不应少于两步。直梯高度超过 6m 时，中间应设支撑加固。

（8）在平滑面上使用梯子时，应采取端部套、绑防滑胶皮等措施。直梯应放置稳定，与地面夹角以 60°～70°为宜。在容易偏滑的构件上使用直梯时，梯子上端应用绳绑在上方牢固构件上。不应在吊架上架设梯子。

四、坠落控制管理要求

（1）如不能完全消除和预防坠落，应评估工作场所和作业过程的坠落危害，选择使用坠落防护装备，如全身式安全带、安全绳、速差自控器、救生索、安全网等。

（2）坠落防护装备使用前，应对所有物件进行定期检查，做好检查记录，保存备查。

（3）速差自控器应直接连接到全身式安全带 D 型环上，一次只限一人使用，严禁与缓冲绳和安全绳串联使用。

（4）在屋顶、脚手架、贮罐、塔、容器、人孔等处作业时，宜使用速差自控器；在攀登垂直固定梯子、移动式梯子及升降平台等设施时，宜使用速差自控器；上、下井架时，应使用速差自控器。

（5）救生索应在专业人员的指导下安装和使用。水平救生索可以充当机动固定点，能够在水平移动的同时提供防坠落保护。垂直救生索从顶部独立的挂点上延伸出来，使用期间应保持垂直状态。安全绳应通过抓绳器装置固定到垂直救生索上，垂直救生索只应一个人使用。

（6）安全带使用前应进行检查，有一项不合格不应使用。使用要求如下：
①应系挂在施工作业处上方的牢固构件上，不应系挂在有尖锐棱角的部位。
②安全带应高挂低用，不宜采用低于肩部的系挂方式。
③安全带系挂点下方应有足够的净空。如净空不足可短系使用，不应用绳子捆在腰部代替安全带。

五、其他管理要求

（1）作业人员应正确佩戴安全带和安全帽，衣着灵便，不应穿带钉易滑的鞋。

（2）高处作业应使用符合标准规范的吊架、梯子、脚手板、防护围栏和挡脚板等。作业前，作业人员应仔细检查作业平台是否坚固、牢靠，安全措施是否落实。

（3）不应两人以上在同一架梯子上工作，不应带人移动梯子。作业人员应沿着通道、梯子上下，不应沿着绳索、立杆或栏杆攀爬。

（4）作业活动范围应与危险电压带电体保持安全距离。夜间高处作业应有充足的照明。

（5）高处作业不应投掷工具、材料和杂物等，工具应有防掉绳，并放入工具袋，所用材料要堆放平稳。作业点下方应设安全警戒区，应有明显警示标志，并设专人监护。

（6）不应在同一垂直立体空间作业，如需分层进行作业，中间应有隔离措施。30m 以上的高处作业与地面联系应设有相应的通信装置。

（7）外用电梯、罐笼应有可靠的安全装置，非载人电梯、罐笼严禁乘人。

（8）不应在六级以上大风、雷电、暴雨、大雾等气象条件下，和 40℃ 及以上高温、−20℃ 及以下寒冷环境下从事高处作业，在 30～40℃ 的高温环境下的高处作业应按 GB/T 4200—2008《高温作业分级》的要求轮换作业。

（9）作业场地有冰、雪、霜、水、油等易滑物时，应先清除或做好防护后再作业。

（10）对进行高处作业的高耸建筑物，应事先设置避雷设施。

第二节　高处作业人员管理

一、钻井队高处作业人员范围

钻井队正常生产过程中涉及高处作业的岗位主要有：井架工、副司钻、司钻、机械工长、司机、电工等。但在拆卸、搬家、安装过程中所有岗位都可能涉及高处作业。

二、钻井队高处作业人员能力、资质要求

（1）钻井队所有可能涉及高处作业的岗位人员都必须接受高处作业安全培训，掌握相应的操作技能和安全基本常识。

（2）经常从事井架上作业或井架拆装作业的人员必须参加地方政府部门举办的特种作业人员安全技术培训，并取得"登高架设作业资格证"。

①钻井队的井架工、副司钻、司钻、机械工长岗位必须取得"登高架设作业资格证"。

②钻井队全队持"登高架设作业资格证"人数不得少于 15 人，每个工程班组持证人数不得少于 3 人。

（3）高处作业人员应掌握安全带、速差自控器等安全防护设施的使用方法和注意事项。经常从事井架上作业或井架拆装作业的人员必须掌握井架防坠落装置、登梯助力器、井架工二层台逃生装置、生命线的安装、检查、维护保养及使用方法。熟悉钻井队常见高处作业行走路线、站位、安全带悬挂点以及手工具的携带方法。

（4）钻井队所有从事高处作业人员必须身体健康，无高血压、心脏病、贫血、癫痫、恐高症等作业禁忌症。

三、高处作业人员管理要求

（1）钻井队必须从作业资质、能力以及身体条件等方面对全队人员进行排查、评估，建立本队"高处作业人员清单"，不具备高处作业能力的人员不得从事高处作业。

（2）危险区域进行的高处作业必须安排专人监护。

（3）高处作业人员必须按要求穿戴劳保护具和正确使用防坠落装置。

①高处作业人员必须穿工衣、工鞋，戴安全帽。

②上下井架必须使用防坠落装置和登梯助力装置。

③在二层台上作业必须使用速差自控器。

④高处移动作业（如拆安井架、横跨井架横梁等）必须使用双尾绳保险带。

⑤拆装井架时必须使用生命线，钻台下从事高处作业必须使用速差自控器。

⑥顶驱拆安、检修、保养必须使用载人绞车和吊篮，禁止使用普通气动绞车、移动式起重机载人从事高处作业。

（4）高处作业手工具必须使用工具袋和工具保险绳。

（5）登高前，作业人员必须清理随身物品（如手机、钥匙等易掉落件），放入高处作业储纳盒，禁止随身携带。

（6）需要作业许可的高处作业，作业前必须按要求办理作业许可，进行工作安全分析，并召开作业前安全会。

（7）未取得"登高架设作业资格证"的人员不能从事井架及井架底座的拆装作业。

（8）高处作业人员必须每年在单位指定医院进行一次体检，并建立健康档案。

第三节　高处作业人员劳保管理

一、钻井现场高处作业劳保护具种类

（1）钻井现场高处作业人员一般劳保护具包括：防静电工作服、保护足趾安全鞋、安全帽、防冲击护目镜、安全带等。

（2）高处带电作业人员劳保护具除一般劳保护具外，还应配备绝缘安全鞋和绝缘手套。

二、钻井现场高处作业个人劳保护具技术要求

（1）安全帽符合 GB/T 30041—2013《头部防护　安全帽选用规范》的规定，且有防脱落措施。

（2）防静电工作服纽扣或拉链齐全、完好，领口、袖口无开线和破损。

（3）保护足趾安全鞋系带齐全，防滑效果好。

（4）防冲击护目镜有防脱落措施。

（5）登高所用的安全带为全身式安全带，尾绳直径不小于13cm，长度为1.5～2m。

（6）二层台作业人员必须使用多功能安全带。

三、个人劳保护具日常管理要求

（1）在钻台偏房必须至少配备两副多功能安全带和两副全身式安全带。两副全身式安全带中至少有一副为双尾绳安全带，或现场配备两副安全带尾绳备用，图2-1为在钻台偏房备用的安全带实例图。

（2）二层台安全带使用完后要及时回收到偏房，禁止长时间存放在二层台上。

（3）现场存放的安全带、手工具袋、手工具安全绳、高处作业物品储存盒、隔离带等实行交接班管理，使用前必须由使用者本人进行检查。副队长或机械工长每周对其进行专项检查，存在安全隐患要立即更换。图2-2为管理人员定期对高处作业安全防护设施进行检查。

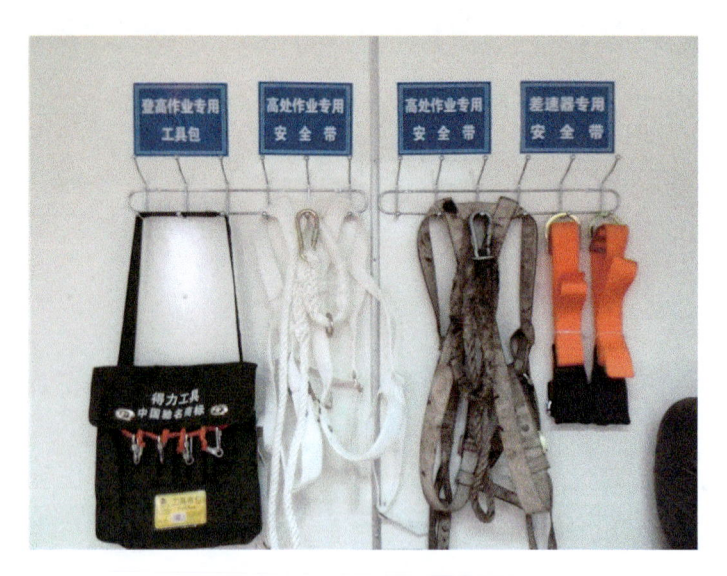

图 2-1 钻台偏房备用安全带

图 2-2 管理人员定期检查安全防护设施

(4) 安全帽、安全带要从单位器材供应部门领取,禁止钻井队私自从社会市场购买。

(5) 钻井队要建立高处作业安全防护设施台账及检查记录。

第四节　高处作业手工具管理

一、概述

钻井现场高处作业常用手工具包括：撬杠、大锤、螺丝刀、手钳子、管钳等。同时，在井架二层台上还配备有钻杆钩和信号棒等辅助工具。高处作业手工具有坠落伤人的风险，其坠落形式有攀登过程中的坠落和使用过程中的坠落两种情况。

二、高处作业手工具安全管理要求

（1）高处作业所携带的手工具必须完好。大小撬杠无明显变形，两头无毛刺、卷边。大锤手柄连接牢靠，大锤锤击面平整、无卷边。螺丝刀（十字、平口）无弯曲，表面光滑，手柄完整，绝缘性好。手钳绝缘良好，钳口平整，牙型完整。管钳无弯曲，钳牙平整。

（2）高处作业所携带的手工具都要有防坠落措施。检修电路使用的工具安全绳要具有可靠的绝缘性。

（3）作业过程中，禁止高处抛扔手工具。

（4）在钻台偏房内配备工具袋和手工具安全绳，以备高处作业时使用。工具袋必须为符合国家规定的帆布包或专用工具袋，数量不少于2个，禁止钻井队自制或用其他袋(包)替代。图2-3为在钻台偏房备用的工具袋实例图，图2-4为在钻台偏房备用的工具安全绳实例图。

图2-3　工具袋　　　　　　图2-4　工具安全绳

（5）井架工每班对手工具、工具袋和手工具安全绳等进行检查，出现安全隐患立即更新。

三、高处作业手工具连接和使用方式推荐做法

（一）小型手工具（梅花、呆头扳手、螺丝刀等）的连接和使用方法

使用专用卡箍固定于工具手柄上，将工具装入专用工具袋（工具袋配有安全环）。登高时，将袋内工具用安全绳与工具袋安全环连接，防止工具掉落。作业时，将安全绳一端与手腕相连，防止工具脱手掉落。图 2-5 至图 2-9 为小型手工具的连接和使用方法实例图。

图 2-5　手钳子连接方法

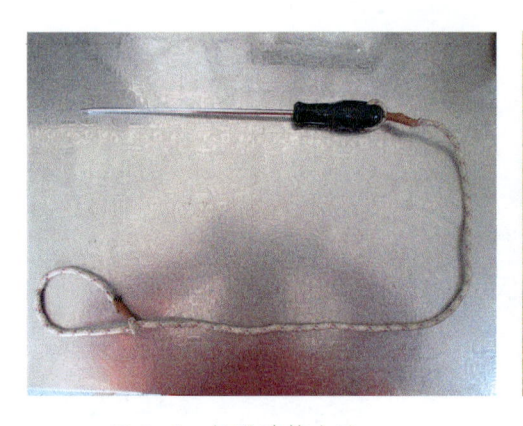

图 2-6　起子连接方法　　　　图 2-7　扳手、管钳连接方法

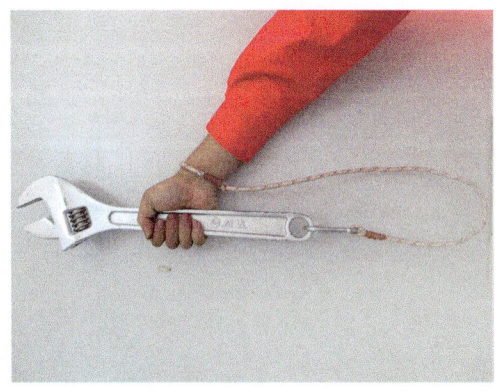

图 2-8　工具袋使用方法　　　　图 2-9　手工具与身体的连接方法

(二) 大锤的连接和使用方法

在大锤上打眼,将安全绳一端穿入固定,另一端固定在手柄上。人员登高时,将安全绳斜挎在肩上,方便人员上下梯子。使用时,将手柄端安全绳拆下,固定在高处固定构件上,防止坠落。图 2-10 和图 2-11 为大锤的连接和使用方法实例图。

图 2-10　大锤连接方法　　　　图 2-11　大锤随身携带方法

(三) 撬杠的连接和使用方法

1. 大撬杠

两端使用测斜钢丝绳、快速连接环和卡子固定,测斜钢丝绳穿胶皮管线保护。上井架时,人员挎肩背上,方便人员上下梯子。作业时,松开一头快速连接环,将长度为1.5m的钢丝绳固定在高处固定构件上,防止撬杠从高处掉落。图 2-12 和图 2-13 为大撬杠的连接和使用方法实例图。

图 2-12　大撬杠连接方法　　　　图 2-13　大撬杠随身携带方法

2. 小撬杠

在小撬杠中间固定一个卡箍与长 0.5m 左右钢丝绳一端连接，另一端为快速连接环。登高时，将钢丝绳斜挎在肩上，方便人员上下。操作时解开快速连接环，用快速连接环将钢丝绳与井架相连，也可将快速连接环与高处作业工具袋相连接，防止工具掉落。图 2-14 为小撬杠的连接和使用方法实例图。

图 2-14　小撬杠连接和使用方法

第五节　高处作业许可管理

一、钻井队高处作业许可范畴

除正常的起下钻、卸钻具的二层台作业和拆卸、搬迁、安装过程的高处作业可以不进行作业许可证管理外,其他高处作业均需要按照作业许可管理要求进行作业许可,如检查保养顶驱、检查井架、摘挂测井天滑轮等。表2-1为某钻井公司钻井队高处作业许可清单。

表2-1　钻井队高处作业许可清单

序号	作业内容
1	检修钻井泵安全阀、空气包
2	检查保养顶驱
3	检查井架及更换灯管
4	清理司控房天窗
5	调节工业监控摄像头
6	配合电测摘挂测井天滑轮
7	拆装封井器
8	调整人字架顶丝
9	拆装高架出口
10	更换水龙带、换立管活接头密封圈
11	检修井架电路
12	高处更换井架附件
13	处理天滑轮跳槽
14	高处清理井架及底座卫生

二、钻井队高处作业许可管理流程

钻井队高处作业许可管理分作业申请、作业审批、作业实施和作业关闭四个环节。

（一）作业申请

申请前，申请人要组织召开作业前安全会，进行工作安全分析，辨识作业风险，落实防控措施。然后填写高处作业许可票，主要内容有作业内容、作业时间、申请人、作业人员、检查确认内容等。

（二）作业审批

作业许可审批可根据作业风险大小实行分级审批。审批人接到作业申请人的书面申请后，首先对作业方法、作业风险的识别及控制措施、检查确认内容的完整性进行书面审核，与作业申请人共同完善相关内容。然后到作业现场对检查确认内容进行现场验证，确保管控措施落实到位。高处作业需重点检查确认的内容主要有以下几个方面：

（1）作业人员能力、身体条件符合要求。
（2）安全带等防护设施完好。
（3）作业人员劳保护具齐全。
（4）作业天气、气候、照明等条件满足安全要求。
（5）对危险区域进行了隔离、警示。
（6）必要时安排有专人监护。
（7）与现场相关方进行了沟通。

（三）作业实施

作业得到批准后，作业人员必须严格按照许可票、HSE作业计划书和作业前安全会的要求，精心施工，并承担风险控制责任。安全监督要监督作业人员是否按标准和程序施工，发现不按标准和程序施工、不执行风险削减措施的，立即叫停作业，整改达到安全作业条件后方可同意其复工。如果作业时间超出审批时限，应提前进行延时申请。如果作业内容、作业人员或作业环境发生明显变更，原有的管控措施不足以保证后续作业安全，则应停止作业或重新进行申请。

（四）作业关闭

作业结束后，作业人员应对现场环境进行恢复，做到"工完、料尽、场地清"。现场环境恢复后，申请人提出许可票关闭申请，许可票批准人验证后签字批准关闭，安全监督复查后签字认可关闭。

图2-15为某钻井公司作业许可管理流程。

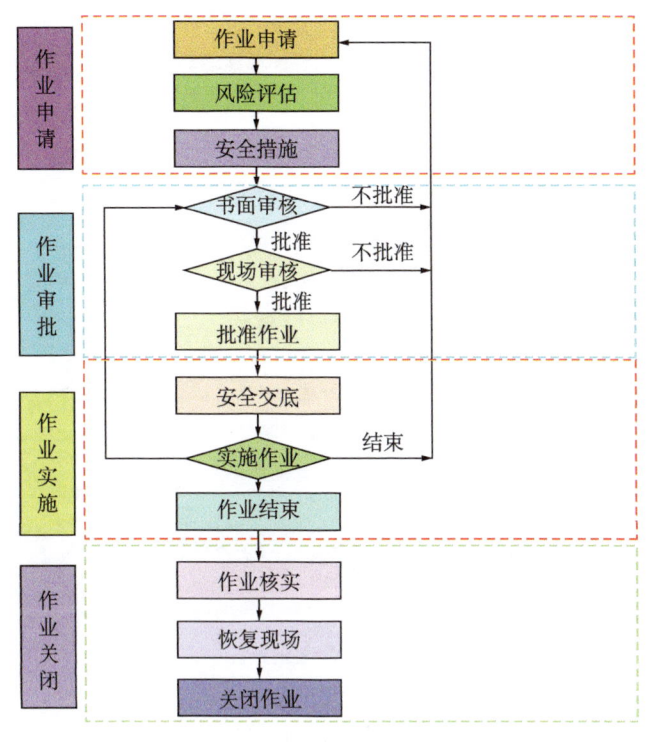

图 2-15 作业许可管理流程

三、高处作业许可票

高处作业许可票内容主要有准备工作、检查确认过程、隔离检测措施落实、审核审批等内容。表 2-2 为某钻井公司钻井队高处作业许可票样表。

四、作业许可管理要求

（1）作业人员必须按规定要求进行许可管理。

（2）作业前检查确认内容一定要落实到位。

（3）当作业内容、作业人员或作业环境发生变化，要及时进行评估或重新进行作业申请。

（4）作业结束后，要及时关闭作业许可。

（5）作业许可要由安全监督签字认可，安全监督对作业过程中的风险控制负监督责任。

（6）高处作业过程中如果涉及其他许可项目，如移动式起重机吊装、临时用电、电气设备检维修等，还须按作业许可管理流程办理其他许可票。

表2-2 高处作业许可票样表

准备工作	作业单位：	作业许可证号：		申请人：
	作业地点：	作业人员：		监护人：
	作业内容描述：			
	附件： □工作安全分析表			

	序号	检查项目	申请人 是(√)否(×)	批准人 是(√)否(×)
检查确认	1	作业人员身体健康状况符合作业要求		
	2	安全带、安全帽、防坠落装置完好、到位		
	3	作业人员携带工具袋，工具有保险绳		
	4	通过梯子或专用台阶上下高处，适时使用防坠落装置		
	5	安全带有可靠悬挂点，且能满足高挂低用要求		
	6	对危险区域人员进行清理，并警示隔离，且无交叉作业		
	7	电器检修时，具备安全用电条件，断电、上锁挂签等措施已落实到位		
	8	移动式平台摆放平稳，移动平台时平台上无人		
	9	载人吊篮使用专用绞车提升，绞车、吊篮无安全缺陷		
	10	不能正常使用防护设施的作业面，临边作业距离不小于0.5m，移动时采取蹲位或骑跨姿势		
	11	作业天气、气候、照明等条件满足安全要求		
	12	与相关人员进行沟通、交底		
	13			
	14			

隔离检测	1	隔离人签名：
	2	
	3	年 月 日 时 分

审批	我已经检查确认，并同意严格遵守上述安全要求	申请人签名： 年 月 日 时 分
	我已到现场检查，进行了沟通交底，采取上述措施后作业可正常进行	审批人签名： 监督员签名： 年 月 日 时 分
	许可作业期限： 月 日 时 分— 月 日 时 分	

关闭	本作业已经完成，没有留下任何隐患及环境污染，同意关闭	申请人签名： 审批人签名： 监督员签名： 年 月 日 时 分

第六节　井架上作业管理

一、井架上作业的范围

钻井队井架上作业分为常规的井架上作业和非常规的井架上作业。常规的井架上作业主要为起下钻和绷钻具作业时井架工在二层台上的配合作业。非常规的井架上作业主要是需要人员上井架上进行检查、维修等临时作业，如检修井架照明、摘挂测井天滑轮、检查保养顶驱、拆装顶驱导轨、调整人字架顶丝、处理井架上绳索跳槽、检查井架连接销、更换水龙带等。

井架上作业的主要风险为作业人员高处坠落伤害和高处落物造成地面人员伤害。

二、非常规的井架上作业管理要求

（1）非常规井架上作业必须进行作业许可。

（2）人员上下井架必须使用防坠落装置。如果配备有登梯助力装置，作业人员还必须使用登梯助力装置。

（3）作业前，作业人员必须清理随身物品，如手机、钥匙等，防止以上物件从高处掉落。

（4）高处所用的手工具必须有防掉落措施。

（5）危险区域禁止进行交叉作业，必要时要进行隔离警示。

表2-3为某钻井公司非常规井架上作业的主要管控措施。

三、常规的井架上作业管理要求

（1）作业人员取得资质部门颁发的"登高架设作业资格证"。

（2）在二层台作业时，必须使用多功能安全带和速差自控器，速差自控器要固定在井架主体上，不得将速差自控器固定在二层台栏杆上。

（3）二层台上的手工具及辅助设施要固定牢靠，防止掉落伤人。

（4）游车上下行走时，井架工要站在二层台后台处，不得站在候台上，防止游车擦挂二层台伤及井架工。

（5）二层台作业时，禁止井架工站在候台护栏上作业或爬出候台栏杆外作业。

表 2-3　非常规井架上作业清单

序号	作业内容	管控措施
1	检查保养顶驱	（1）作业许可。（2）使用载人绞车、提篮。（3）使用保险带，尾绳系挂在顶驱上。（4）工具系尾绳
2	检查井架及更换灯管	（1）作业许可，切断电源，上锁挂签。(2)使用防坠落装置上下井架，系保险带。（3）骑跨横梁移动。（4）工具系尾绳。（5）钻台面危险区禁止站人
3	调节工业监控摄像头	（1）作业许可。（2）系保险带。（3）专人监控
4	摘挂测井天滑轮	（1）作业许可。（2）使用防坠落装置上下井架，系保险带。（3）骑跨横梁移动。（4）工具系尾绳。（5）钻台面危险区禁止站人
5	调整人字架顶丝	（1）作业许可。（2）系保险带。（3）危险区域禁止站人
6	更换安装水龙带、换立管活接头密封圈	（1）作业许可。（2）使用防坠落装置上下井架，系保险带。（3）作业下方隔离。（4）工具栓保险绳。（5）专人指挥、操作气动绞车
7	拆装顶驱及附件	（1）作业许可。（2）使用防坠落装置上下井架，系保险带。（3）骑跨横梁移动。（4）工具系尾绳。（5）钻台面危险区禁止站人
8	处理大绳跳槽	（1）作业许可。（2）使用防坠落装置上下井架，系保险带。（3）骑跨横梁移动。（4）工具系尾绳。（5）钻台面危险区禁止站人
9	高处更换井架附件	（1）作业许可。（2）使用防坠落装置上下井架，系保险带。（3）骑跨横梁移动。（4）工具系尾绳。（5）钻台面危险区禁止站人
10	高处清理井架及底座卫生	（1）作业许可。（2）使用防坠落装置上下井架，系保险带。（3）骑跨横梁移动。（4）工具系尾绳。（5）钻台面危险区禁止站人

第七节　拆、搬、安期间高处作业管理

钻井现场拆、搬、安期间的高处作业主要集中在拆装井架、拆装钻台及底座、拆装顶驱、拆装循环罐上辅助设施以及油罐、水罐等部分外围设备设施上。因其工作量大、作业环境复杂，极易发生人员高处坠落、高处落物等意外事故，所以拆、搬、安期间的高处作业是钻井队高处作业管理的重点环节。

一、一般管理要求

（一）管理措施

（1）对作业人员能力进行评估，不具备高处作业条件的人员不得安排从事高处作业。从事井架及钻台底座拆装的人员必须持有"登高架设作业资格证"。

（2）班前会上队干部和监督员必须对所有作业人员进行高处作业安全教育。

（3）作业人员的劳保护具必须符合安全要求，正确使用高处作业安全防护设施。

（4）优化作业工序，对钻台梯子、栏杆按照"后拆先安"的原则来组织作业，拆卸时不得提前拆掉钻台的栏杆和梯子。安装时，要优先将梯子和栏杆安装到位。

（5）光照不明及雨雪等恶劣气候条件下，不得从事拆、搬、安高处作业。

（6）禁止人员在未固定的钻台铺台上站立或行走。

（二）工程措施

（1）钻台栏杆未安装到位前，在可能发生跌落的区域临时加装警示隔离带。

（2）及时清理钻台油污或积水、积雪，防止人员跌倒摔下钻台。

（3）具备条件时，要及时使用安全带。

（4）钻台摆放的物件不得离钻台边沿太近，至少保持 0.5m 以上的安全距离，防止物件从钻台掉落。

二、降低高处作业风险的具体管控措施

（1）优化作业工序，将高处的作业放在低位进行，减少高处作业频次。

①井架平放在低位时拆装井架附件，如井架照明、工业监控设施等，如图 2–16 所示。

图 2-16 低位拆装井架附件

②利用天车、游车、大钩、水龙头在低位时进行检查和保养，如图 2-17 所示。

图 2-17 低位保养

③借助工具摘挂高处设备绳套，如使用引绳、长铁钩子摘挂钻台偏房底座吊绳等。

（2）使用井架生命线，解决井架拆装时，作业人员安全带尾绳无合适固定点问题。图 2-18 为某钻井队在井架上安装的生命线。

（3）推广使用双尾绳安全带，用以解决作业人员在井架横梁上移动时，安全带尾绳不能实时悬挂固定问题。

（4）借助自动升降平台，提高部分高处作业安全性。图 2-19 为某钻井队利用自动升降平台拆装井架。

（5）配备载人绞车和提篮，方便顶驱等悬吊系统拆装、保养。图 2-20 为某钻井队利用载人绞车和提篮保养、检查顶驱。

图 2-18　井架生命线

图 2-19　自动升降平台拆装井架

图 2-20　载人绞车和提篮配合拆装顶驱

(6）井架大支架安全防坠落装置，防止人员攀爬坠落风险。图 2-21 为某钻井队在井架大支架上安装速差自控器。

图 2-21　大支架安装速差自控器

（7）梯子、防护栏杆、生命线、速差自控器、铺台、盖板、过桥踏板等必须遵循"先安后拆"原则。

（8）作业前，必须检查安全帽佩戴情况，按要求正确佩戴安全帽。

（9）拆安钻台时，必须提前设置临时生命线，方便安全带尾绳固定。

（10）拆安期间，必须对临边危险区域采取隔离、警示措施。

（11）临边、高处作业必须使用安全带。

（12）配备简易梯子，方便人员上下车辆马槽。

三、拆、搬、安期间高处作业管控清单

为具体管理拆、搬、安期间的高处作业，对这一期间的主要高处作业进行梳理，结合实际明确每项作业管控措施，表 2-4 为某钻井公司拆、搬、安期间的高处作业管控清单。

表 2—4　拆、搬、安期间高处作业管控清单

序号	作业内容	管控措施
1	取挂吊炮台（人字梁）绳套	（1）使用引绳摘挂绳套，将作业放在低位进行。（2）高处作业时使用安全带
2	拆安井架	（1）高处作业使用双尾绳安全带和井架生命线。（2）禁止高处抛物。（3）危险区域禁止站人。（4）禁止在槽钢上直立行走，尽量采用骑跨方式
3	拆安井架底座	（1）高处作业使用双尾绳安全带。（2）禁止高处抛物。（3）危险区域禁止站人
4	取挂吊大支架绳套	（1）高处作业使用安全带和防坠落装置。（2）使用引绳摘挂绳套，将作业放在低位进行
5	取挂吊起井架大绳	（1）高处作业使用双尾绳安全带。（2）禁止高处抛物。（3）危险区域禁止站人
6	拆装钻台铺台	（1）专人指挥，干部旁站监督。（2）作业人员禁止站在未固定的铺台上。（3）禁止钻台下站人。（4）使用双根绳套吊挂铺台
7	拆装柴油机排气管	（1）排气管吊挂平稳。（2）人员骑跨在机体中央配合
8	拆装生产水罐上罐	（1）生产水罐高罐焊限位装置。（2）高罐安装速差自控器。（3）取挂绳套放低身体重心
9	抽穿大绳	（1）天车配合人员使用安全带。（2）钻台作业人员与临边保持安全距离。（3）危险区域禁止站人。（4）手工具系好安全尾绳
10	上下车马槽	（1）配备简易梯子，方便人员上下。（2）车辆移动时，禁止人员站在马槽边沿。（3）禁止人员从马槽上跳下
11	拆安水龙带	（1）使用安全带。（2）工具栓安全绳。（3）危险区域禁止站人
12	拆安B型吊钳吊绳	（1）在井架立起前进行，并固定牢靠。（2）避免在高处进行
13	拆装井架U型固定	（1）使用安全带。（2）禁止高处抛物。（3）危险区域禁止站人。（4）工具安装保险绳
14	拆安顶驱滑轨	（1）使用安全带。（2）借助高处吊篮配合作业。（3）危险区域禁止站人
15	拆装偏房支架	（1）临边作业使用安全带。（2）借助引绳或钩子摘挂绳套
16	拆装转角梯	（1）双吊车配合作业。（2）转角平台固定牢靠。（3）危险区域禁止站人
17	大绳从人字梁上下	（1）使用引绳引导大绳上下，将作业放到低位进行。（2）危险区域禁止站人
18	拆装封井器挡雨伞	（1）安全带系挂可靠，并使用速差自控器。（2）整体吊装。（3）危险区域禁止站人
19	调整人字架导向轮位置	（1）使用引绳配合，将作业放到低位进行。（2）危险区域禁止站人
20	吊放高架水罐	（1）使用引绳配合，禁止人员站在高处作业。（2）底罐加装定位装置
21	拆装液气分离器绷绳	（1）在分离器放倒时进行。（2）禁止人员爬上罐顶作业
22	摘挂高处绳套	（1）使用引绳或钩子配合，将作业放到低位进行。（2）禁止爬上高处摘挂

第八节　临边作业管理

钻井现场临边作业主要包括：钻井液池边取挂调整排污泵、拆装循环罐连通管线、拆装循环罐过桥踏板、装卸栏杆、拆装钻井泵皮带轮护罩、拆装钻井泵万向轴（皮带）、拆装钻台栏杆、拆装钻台梯子、拆装高架水罐栏杆、拆装高架油罐栏杆及梯子、柴油机水箱加冷却液、取挂高架油箱绳套、井架底座上作业、方井边作业、拆装钻台偏房等。这些作业易发生坠落伤害，也是风险管控的重点。

一、钻井队临边作业一般管理要求

（1）钻台、循环罐、生产水罐、油罐等临边区域必须设置防护栏杆。
（2）方井必须设置盖板，排水沟设置过桥踏板。
（3）钻井液池、蓄水池四周设置围栏进行隔离。
（4）设备拆、安期间，对梯子、栏杆要按照"先安后拆"的原则组织实施。

二、钻井液池临边作业安全管理措施

（一）管理措施

（1）靠近钻井液池边作业时，须至少保持两人在作业现场，禁止一人单独作业。
（2）池边作业必须系安全带。

（二）工程措施

（1）钻井液池四周设置围栏进行隔离，并堆设围堰，如图2-22所示。
（2）设置安全警示标识，如图2-23所示。
（3）钻井液池边加装生命线，排污泵支架处配备安全带，如图2-24所示。
（4）钻井液池设置救援绳，如图2-25所示。
（5）靠近钻井液池循环罐栏杆处设置救生圈，如图2-26所示。

三、其他临边作业安全管理措施

（1）方井加盖板，防止人员掉入，如图2-27所示。

图 2-22　钻井液池加装围栏

图 2-23　钻井液池边设置安全警示标识

图 2-24　钻井液池边配备生命线和备用安全带

图2-25 钻井液池设置救援绳 　　　图2-26 钻井液池旁设置救生圈

图2-27 方井盖板

(2) 防喷器手动锁紧杆、死绳固定器、钻井泵液力端处加装工作平台,如图2-28至图2-30所示。

图2-28 手动锁紧杆平台 　　　图2-29 死绳固定器加焊平台

- 70 -

（3）工作平台临边处用警示色标识，如图 2-31 所示。

图 2-30　钻井泵液力端工作平台　　　　图 2-31　工作平台边沿警示色

第三章

钻井现场高处作业安全防护设施管理

第一节　钻井现场高处作业安全防护设施配备管理

随着钻井现场安全生产管理要求的不断加强，安全防护设施作为最后一道风险控制屏障显得尤为重要。

一、配备原则

（1）经济实用原则。作业现场配备任何设备设施都需要投入，但是，如果不计成本，不考虑实际需要，一味地配上也显得不合时宜。所以在安全防护设施配备上，一是要考虑经济性，也就是要衡量有没有必要配、配多少的问题，二是要考虑实用性，也就是先配什么、在哪配、配什么型号等。

（2）因地制宜原则。由于钻井现场高处作业在作业环境、设备设施、作业工况等方面存在其特殊性，所以，在高处作业安全防护设施配备上一定要因地制宜。所配备的安全防护设施，一是要能在现有的设备设施上方便安装，二是要能满足大部分作业环境和工况需要。

二、配备标准

首先在以上配备原则的基础上，分工况梳理高处作业清单，对每项作业风险进行评价；其次，根据风险评价结果，并结合现场实际，优先考虑高、中风险作业的安全防护设施配备方案。从安全防护设施规格型号、配备数量、配备位置等方面进行明确，形成钻井现场高处作业安全防护设施配备清单。表 3-1 为某钻井公司钻井现场高处作业安全防护设施配备清单。

表 3-1　钻井现场高处作业安全防护设施配备清单

序号	名称	规格型号	配备数量	配备位置	备注
1	云梯攀升保护器	AH5	2 套	井架直梯	50 型及以上钻机也可在人字架两侧各安装一套

续表

序号	名称	规格型号	配备数量	配备位置	备注
2	二层台逃生装置	RG-10D	1套	二层台	—
3	速差自控器	—	6个	二层台2个、钻台转盘大梁下2个、高架水罐1个、井架大支架1个	速差自控器长度根据工作高度确定
4	安全带	全身式	5副	钻台偏房4副、钻井液池排污架1副	安全带为全身式安全带
5	井架生命线	9.5mm钢丝绳	1套	井架	生命线覆盖井架主体、人字架及工作可能涉及的所有区域
6	备用手工具保险绳	—	2个	钻台偏房	尼龙或钢丝材质
7	备用手工具袋	—	2个	钻台偏房	专用高处工具袋
8	载人绞车	—	1台	钻台	额定载荷在150kg以上
9	载人提篮	—	1个	钻台	自重控制在60kg之内
10	自动升降平台	—	1台	场地	工作高度6m左右
11	隔离带	—	1副	钻台偏房	—

第二节　高处作业安全防护设施的安装、使用及日常维护

一、井架生命线

（一）井架生命线安装位置

(1) 井架主体：左下、左中、左上、右下、右中、右上井架及天车头槽钢位置。

(2) 人字架横梁：人字架横梁上方 1.5m 高度。

(3) 井架大绳悬挂支梁：井架大绳悬挂支梁上方 1.5m 高度。

（二）生命线安装要求

(1) 生命线使用 $^3/_8$in 钢丝绳，两端各使用 3 个 1cm 钢丝绳卡分别固定于井架吊耳上或专用生命线支架上，如图 3-1 和图 3-2 所示。

图 3-1　井架主体生命线

图 3-2 井架人字架上方生命线

（2）水平生命线最大垂弧不大于 0.1m。

（3）生命线必须安全可靠，确保足够的强度和稳定性，可承受人身坠落时对生命线产生的冲力。

（4）方便可行，布置完成的生命线必须不影响作业工序，作业人员在操作过程中使用方便。

（三）生命线使用时注意事项和维护

（1）作业人员开始高处作业前将安全绳扣在生命线上。作业或移动时，安全绳一直扣在生命线上并和作业人员一起移动，如图 3-3 所示。

图 3-3 井架生命线使用示意图

（2）在从一段生命线换到另外一段生命线时，必须先扣好另外一根安全绳后方可松开已经扣好的安全绳。

（3）使用前，由专人检查生命线两端连接和使用情况，如发现磨损、U型卡松动或其他安全隐患，立即采取措施纠正，并做好记录。具体检查内容见表3-2。

表3-2　生命线检查表

序号	部件名称	检查项目
1	钢丝绳	无断丝、磨损严重、锈蚀等情况
		水平生命线垂弧不大于0.1m
2	固定点	两端钢丝绳各夹3个紧固，卡距符合要求

二、二层台逃生装置

二层台逃生装置是钻井作业高处安全逃生装置，井架工在突发井喷、失火等特殊工况，不能利用垂直梯逃生时，可利用该装置安全快速地降落到地面，方便快捷，是高处作业人员紧急逃生的安全保障，如图3-4所示。

图3-4　人员从二层台逃生装置下滑

一套完整的逃生装置主要由悬挂体、缓降器、导向绳、手动控制器、地锚和多功能安全带组成，如图3-5所示。如果现场存在安装不规范或零部件缺损，会对逃生安全构成威胁。

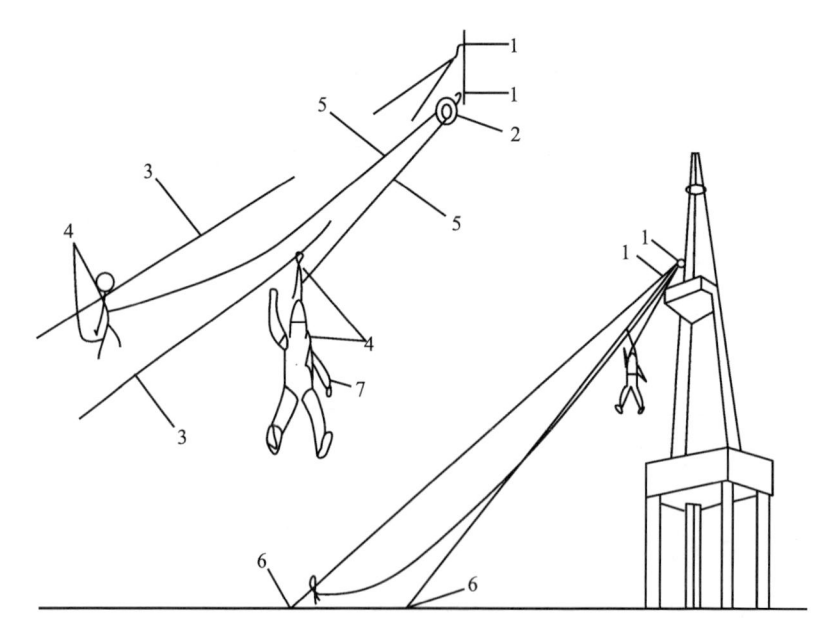

图3-5 二层台逃生装置组成示意图

1—悬挂体；2—缓降器；3—导向绳；4—手动控制器；5—上下拉绳；6—地锚；7—多功能安全带

（一）二层台逃生装置的安装

（1）安装缓降器和悬挂体。打开缓降器散热孔（图3-6），缓降绳（又称上下拉绳）穿过缓降器，将缓降器装入悬挂体内，拧紧固定螺栓；将卡板用四根螺栓固定在二层台上方3m左右的井架主体上，通过U型卡将悬挂体与卡板连接，或用一根$\phi 13mm \times 2m$专用钢丝绳套将悬挂体固定于井架上（图3-7）。安装时要注意将悬挂体突出的一面保持向上的方向。这一步工作应在起井架前，提前在低位完成。

（2）选择地锚位置，固定地锚。地锚位置应选择在地势平坦，四周没有障碍物的开阔区域。两地锚间的距离应保持4m左右，导向绳与地面最佳角度为30°～45°，最大不得超过75°（图3-8）。地锚埋深应在1.5m左右，露出地面部分应小于0.1m（图3-9），两地锚间距为4m左右（图3-10）。

表3-3给出了不同型号钻机地锚距钻台底座外侧安装距离推荐值，可供参考。

图 3-6　缓降器散热孔　　　　　图 3-7　悬挂体安装示意图

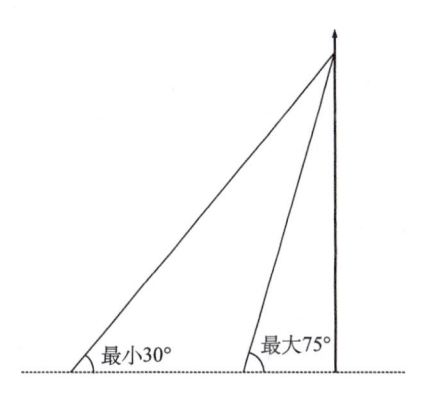

图 3-8　导向绳安装角度示意图

图 3-9　地锚安装示意图　　　　图 3-10　两地锚之间距离示意图

（3）安装导向绳和手动控制器。用专用螺栓将两根导向绳的一端固定于悬挂体下方两角，其中一根导向绳穿过上部手动控制器滑槽，将手动控制器与缓降绳（上下拉绳）一端的挂钩相连（图 3-11）。导向绳另一端用 M24 高强度正反螺栓和绳卡与地锚连接固定，调节正反螺栓使导向绳保持适当松紧度。用同样的方法安装另一根导向绳和下部手动控制器。

表3-3 地锚距钻台底座外侧安装距离推荐值（m）

距离	钻机型号					
	70型	50型	40LDB	40V	30LDB	30V
最近距离	11	10.5	9.6	9.1	9.1	8.8
最远距离	69	67	62	59	59	57
最佳距离	40	39	36	34	34	33

图3-11 上部手动控制器

（4）调整手动控制器位置。调整上部手动控制器腰钩位于逃生门，在高度1m的位置并锁紧（图3-12），将上下拉绳的另一端挂在下方的手动控制器吊环上，拉紧上下拉绳后，下部手动控制器的腰钩位置位于距地面1m左右（图3-13），卡紧上下拉绳（上下拉绳与导向绳不得缠绕）。连接完成后，将信号板插入下部手动控制器导向块和制动块之间，拧紧调节丝杠。将多余的导向绳、缓降绳头分别盘圈、固定。

（5）检查验收。二层台逃生装置安装完成后，副队长和监督员应共同对安装情况进行检查验收。

检查验收应重点突出以下几方面：

①检查导向绳、缓降绳是否存在弯曲变形或交叉缠绕，受载状态下是否与二层台、逃生门相互干涉影响。

②检查腰钩是否完好，位置是否符合标准要求。腰钩的自锁装置一定要完好、可靠。上腰钩应靠近逃生门，能与逃生人员穿戴的安全带D型环挂上，下腰钩位置也不能过高或过低。

图 3—12　上部手动控制器位置示意图

图 3—13　下部手动控制器位置示意图

③检查是否正确安装了信号板。下部手动控制器的信号板要始终卡在导向块和制动块之间。而上部手动控制器正常待命工况应为卡紧状态，不需要卡入信号板。

④检查两根导向绳长度是否一致。若两根导向绳长度相差过大，人员从二层台连续逃生时，手动控制器不能到位。

⑤检查地锚固定是否牢靠。如果地锚四周充填不实或埋入深度不够，都将影响地锚固定的可靠性。

（二）二层台逃生装置的使用

（1）井架工必须穿着多功能安全带。

（2）迅速把手动控制器上的两个承重挂钩挂在安全带腰间的两个连接环处并锁紧。

（3）解开身上安全带的安全绳锁扣，将锁扣挂在手动控制器上方导向绳上。

（4）右手抓住手动控制器的手柄，将手柄顺时针旋转到锁紧导向绳位置，左手抓手动控制器承重挂钩钢丝绳上端，人体下蹲，当连接承重挂钩的钢丝绳绷紧时离开安全门。

（5）右手逆时针旋转手柄使手动控制器处于打开位置，人员随手动控制器沿导向绳匀速滑下，快要到达落地点时，顺时针旋转手柄减慢下滑速度，到达地面后，打开两个承重挂钩，取下安全带锁扣。

（6）此时另一个手动控制器将被拉绳拉到井架二层台处，二层台人员按（1）～（3）步骤进行操作。然后松开手动控制器手柄，取下红色警示牌，再按（4）～（5）步骤进行操作，可多人连续逃生。

（三）逃生装置的日常检查、维护、检测

（1）井架工每日应对逃生装置检查一次，检查内容见表3-4，包括：
①悬挂体、地锚、缓降器、绳夹等连接件螺栓是否紧固。
②地锚10m范围内是否清洁，无易燃、易爆、易腐蚀物品和障碍物。
③钢丝绳是否有断丝、腐蚀、挤压变形。
④导向绳的松紧度是否合适。
⑤手动控制器是否灵活，下方手动控制器是否已插入红色警示牌，上方手动控制器是否没有插入红色警示牌，手动控制器的挂环是否朝上。
⑥手动控制器锁紧杆螺纹是否损伤，滑槽磨损是否严重。
⑦在二层台上来回反复拉动缓降器拉绳，检查是否正常。

（2）机械工长每周对逃生装置检查一次，将检查情况记录到安全设施使用、维护保养记录中。

（3）维护保养要求包括：
①每周对手动控制器加油口加注润滑脂，确保丝杠转动灵活。
②钢丝绳要注意维护，防止锈蚀，拆迁时钢丝绳要有序地盘在一起，防止钢丝绳

受到挤压、弯折等。

③装置在拆迁搬运时应妥善保护，不得挤压、损伤零部件；重新安装时，严格按安装程序、试滑程序操作。

④每次使用完毕后，应对逃生装置进行认真检查，如果发现有部件或钢丝绳损坏，应立即通知专业人员进行更换。

⑤每套逃生装置应编号，并建立使用维护档案。

（4）检测。自安装之日起，每年或累计下滑次数达到 20 次，由生产厂家或具备资质的专业人员对该装置的安全性能检验一次，将检验情况记入安全设施使用、维护保养记录中。

表 3—4　二层台逃生装置检查表

序号	部件名称	检查项目
1	悬挂体	安装位置合适。悬挂体装在二层台以上井架第三节与第四节连接的横梁处
		螺栓无松动
2	缓降器	散热孔打开
		拉动钢丝绳，检查缓降器阻力大小，不卡
3	手动控制器	向加油孔注入润滑脂
		上部手动控制器警示牌取出，处于备用状态；下部手动控制器警示牌夹在导向块和制动块之间
		扭动手柄，检查丝杠转动灵活
		滑块磨损程度，能有效夹紧导向绳
		挂钩无损坏，锁紧装置有效
4	导向绳	每根导向绳卡 3 只钢丝绳，绳卡方向、距离正确，绳卡无松动
		导向绳无扭曲、变形、损坏、断丝、锈蚀、油污
		松紧程度适宜，与地面夹角为 30°～75°
		与井架、二层台等无摩擦
5	上下拉绳	钢丝绳卡 3 只，绳卡方向、距离正确，绳卡无松动
		钢丝绳无损伤、缠绕
		穿过缓降器后与手动控制器相连接，钢丝绳拉紧后，上部手动控制器挂钩在二层台逃生门，下部手动控制器挂钩距人员降落点地面 1m 左右
6	花篮螺栓	使用两个挂钩为全封的花篮螺栓，完好
		螺纹处加黄油
7	地锚	地锚旋入地下牢固，露出地面部分不超过 0.1m，两地锚相距不小于 4m

(5) 其他注意事项：

①装置只能用作逃生，不能用作跌落保护或其他用途。

②装置每次只能供一人使用，且不能携带重物。

③装置配件损坏需要更换时，只能用生产厂家相同规格的产品，不能用任何其他产品替代。

④禁止钢丝绳与任何锋利物品、焊接火花或其他对钢丝绳有破坏性的物品接触，不得将逃生装置钢丝绳用作电焊地线，或吊重物用。

⑤装置不可接近火源，切勿接近含酸碱等腐蚀性液体和油品。

⑥钻井队要记录逃生装置首次使用时间、下滑时间、下滑人、累计下滑次数、维护保养情况、检验情况等内容。

⑦装置的设计寿命为 5 年，更换时间根据检验情况而定。

三、攀升保护器

攀升保护器用于直梯攀登与下降的高处作业安全保护，防止作业者攀登与下降时因脚下打滑或手未抓牢而发生坠落伤亡事故发生。用于一切存在攀爬直梯的工作环境。

（一）攀升保护器的安装位置

(1) 井架：两侧直梯上（图 3-14）。

(2) 人字架大腿：人字架左右后腿槽钢内（图 3-15）。

图 3-14 井架直梯处攀升保护器　　图 3-15 人字架处攀升保护器

（二）攀升保护器的安装

(1) 在井架直梯最上端的横撑上挂一个 ϕ20mm 的 U 型环，将螺栓穿过 ϕ8mm

钢丝绳一端的扣环扭紧螺母。

（2）在直梯下端的横撑上安装一个U型环，将螺栓穿过花篮螺栓的圆环后扭紧。钢丝绳末端穿过花篮螺栓上端圆环，拉紧后用3个ϕ8mm钢丝绳卡子卡紧。

（3）转动花篮螺栓将钢丝绳拉紧。

图3-16为直梯攀升保护器安装示意图。

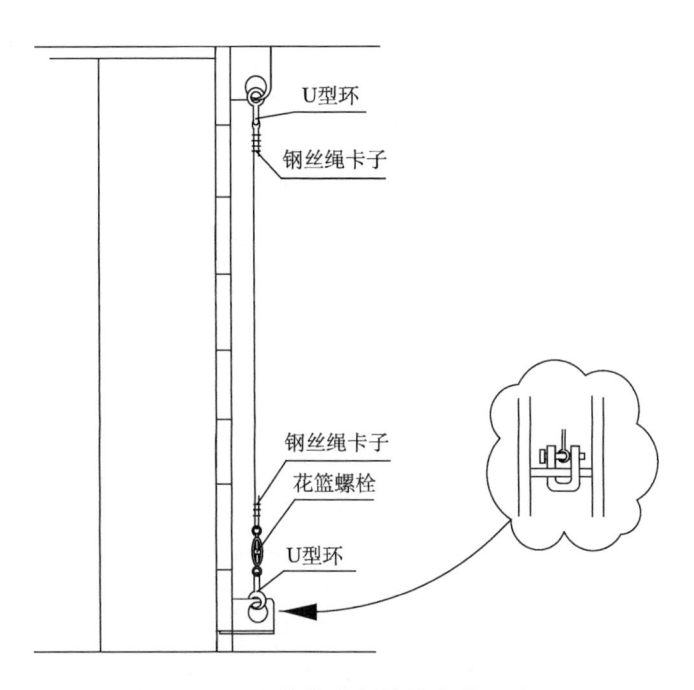

图3-16 直梯攀升保护器安装示意图

（4）安装锁紧防坠器（抓绳器）。逆时针转动锁紧防坠器的滚花指拧螺钉，按下联锁杆到解锁位置，将锁紧防坠器打开。将红色推动箭头和太阳符号朝上，然后将锁紧防坠器环绕在ϕ8mm钢丝绳上，闭合锁紧防坠器，待联锁杆自动回复到闭锁位置后，顺时针扭紧滚花指拧螺钉。具体如图3-17所示。

（三）攀升保护器的使用

（1）作业者穿好安全带，将锁紧防坠器（抓绳器）的挂钩挂在胸前的扣环上，如图3-18所示。

（2）锁紧防坠器（抓绳器）的转柄向上抬起，锁紧防坠器处于放松状态，可以在钢丝绳上自由滑动，作业人员可以向上攀登或下降。

图 3-17　安装锁紧防坠器（抓绳器）示意图　　图 3-18　攀升保护器的使用

（3）当作业人员跌落时，锁紧防坠器（抓绳器）的转柄向下转动带动内部的牙状制动块立即在 ϕ8mm 钢丝绳上锁紧，将人吊在钢丝绳上，防止跌落事故的发生。

（4）作业人员抓牢后，如需要继续攀登或下降，使锁紧防坠器（抓绳器）的转柄抬起即可。

（5）使用时切勿用手握住防坠器，如图 3-19 所示。

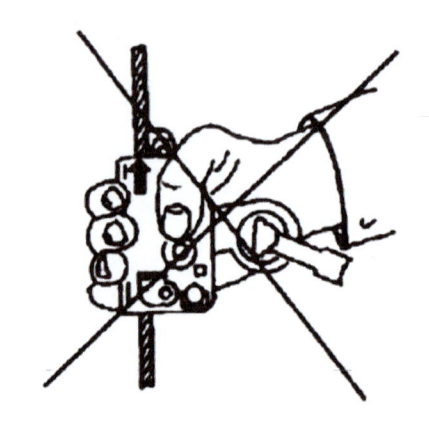

图 3-19　锁紧防坠器错误的操作方式

（四）攀升保护器的日常维护

（1）钢丝绳上不得上防锈润滑油，并保证钢丝绳及附件上无油污，以保证攀升保护器（抓绳器）能可靠锁紧。

（2）钢丝绳无断丝、锈蚀或变形严重；钢丝绳磨损严重不能与制动块有效制动时应更换钢丝绳。

（3）钢丝绳应上下固定牢固并拉紧，能够承受一个人（最大 130kg）突然坠落时的冲击力。

（4）锁紧防坠器应保持牙状制动块清洁，使用前实验制动块与钢丝绳制动情况，制动块磨损严重而不能有效制动时应更换锁紧防坠器。

（5）攀升保护器应安排专人定期负责检查保养，检查内容见表3-5。

表3-5　井架攀升保护器检查表

序号	部件名称	检查项目
1	U型卡环	安装位置合适（两端分别固定在井架梯子最上面和最下面的横杆上）
		螺栓无松动
2	锁紧防坠器（抓绳器）	牙状制动块磨损情况，正常咬合在钢丝绳上
		锁紧螺栓灵活，自锁正常
		信号指示块完好
		挂钩完好
3	钢丝绳	钢丝绳无扭曲、损坏、断丝、锈蚀及几何尺寸变形过大
		钢丝绳必须上、下固定牢固并拉紧，要能承受最大130kg（大约一个人）突然坠落时的冲击力
		钢丝绳与井架无摩擦
		钢丝绳上不允许涂防锈润滑油，并保证钢丝绳及附件上无油污，以保证攀升保护器能可靠锁紧
4	钢丝绳卡子	检查钢丝绳卡安装方向、距离正确，卡子无松动
5	花篮螺栓	使用挂钩为全封的花篮螺栓，完好

四、井架登梯助力器

井架登梯助力器用于钻井井架工爬直梯时起助力作用。如与攀升保护器配套使用，将会取得既安全又省力的双重功效。

（一）结构

井架登梯助力器由以下主要零部件组成：（1）地锚；（2）高强螺栓；（3）花篮螺栓；

(4) 导向钢丝绳；(5) 配重砂桶；(6) 牵引钢丝绳；(7) 导绳轮；(8) 支架；(9) 双保险挂钩（或连接器）。

(二) 安装

(1) 导绳轮固定在支架上，再将导绳轮支架固定在井架天车固定座上。

(2) 牵引钢丝绳一端穿过导绳轮与配重砂桶上部的吊环相连，用3个ϕ10mm钢丝绳夹卡紧，牵引钢丝绳另一端（带挂钩）顺向井架直梯下部，适当拉紧在井架梯子下端挂牢。

(3) 导向钢丝绳一端穿过配重砂桶的滑轮，用U型环固定在天车头导绳轮支架或天车头侧耳板上，另一端顺向地面。

(4) 在地面选择合适的位置旋入地锚，地锚旋入深度应大于1m。用高强螺栓连接花篮螺栓和地锚，将导向钢丝绳的另一端穿过花篮螺栓环扣，适度拉紧，用3个ϕ10mm钢丝绳夹卡紧，转动花篮螺栓调整导向钢丝绳的松紧度，将多余钢丝绳盘好。

图3-20为井架登梯助力器安装示意图。

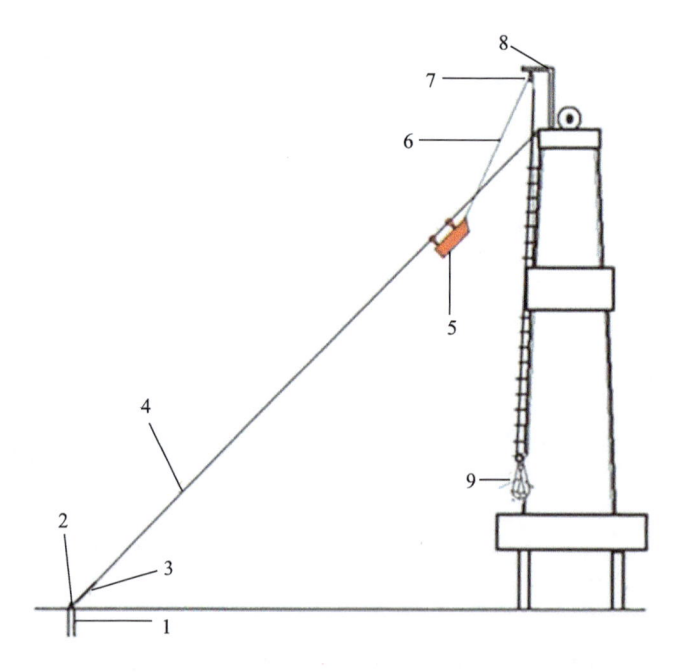

图3-20 井架登梯助力器安装示意图

1—地锚；2—高强螺栓；3—花篮螺栓；4—导向钢丝绳；5—配重砂桶；
6—牵引钢丝绳；7—导绳轮；8—支架；9—挂钩

(5) 安装注意事项：

① 导向钢丝绳与地面的夹角在45°~60°为宜。

②导向绳不宜拉得过紧,避免导向钢丝绳承受井架晃动产生的拉力。

③配重砂桶质量一般为20kg,牵引钢丝绳(长度75m)质量为12kg,可根据使用者的体重情况,调整配重砂桶的总质量(打开配重砂桶的盖板,放入配重铁棒或注入适量的砂子,上紧盖板)。

(三)登梯助力器的使用

(1)使用登梯助力器时应与攀升保护器配合使用,起到既安全又省力的双重效果。

(2)使用时将助力器牵引钢丝绳下端的双保险挂钩挂在使用者配穿的多功能安全带背后的挂环上,攀升保护器的挂钩挂在多功能安全带胸前的挂环上,使用者沿直梯向上攀登,配重砂桶在重力的作用下,砂桶滑轮沿导向钢丝绳缓缓下降,牵引钢丝绳通过支架上的导绳轮改变方向,向上拉动使用者,给使用者一个与配重砂桶重量相等的拉力,使用者可以比较省力地向上攀登。当到达工作位置时,先摘开助力器的挂钩挂牢在直梯上,再摘开攀升保护器,即可进入作业区。

(3)当使用者下降时同样将助力器和攀升保护器挂钩挂在配穿的多功能安全带挂环上,即可沿直梯下降,使用者同样受到一个与配重砂桶重量相等的拉力,可减缓使用者下降的速度,使用者到达直梯下部时,摘开挂钩挂牢在直梯上,以免配重砂桶滑落。

(四)检查维护

(1)安排专人(井架工)定期检查和保养。

(2)定期对导向钢丝绳和牵引钢丝绳涂防锈油,避免钢丝绳锈蚀。拆迁时,将钢丝绳顺序盘好,避免挤压、弯折及接触酸、碱等腐蚀性物质。

(3)定期向导向轮和平衡器(配重砂桶)滑轮加注润滑脂,使用前检查滑轮转动是否灵活。

(4)日常检查地锚、钢丝绳卡等固定应牢固、无松动,挂钩锁紧装置完好。

具体检查内容见表3-6。

表3-6 登梯助力器检查表

序号	部件名称	检查项目
1	导绳轮及支架	固定牢固,导绳轮转动灵活
2	钢丝绳	牵引钢丝绳与地锚、支架(或井架)两端固定牢固,松紧度符合要求;导向钢丝绳与平衡器固定牢固
		钢丝绳无断丝及扭曲等严重变形

续表

序号	部件名称	检查项目
3	连接器或挂钩	无变形，扣舌活动自如
		保险功能完好，活门应向连接器锁体内打开，不得松旷，平稳扣紧，应在两个明确的动作下才能打开
		边缘光滑，无锋利边缘，无裂纹
4	配重砂桶	配重符合使用者体重情况（一般配重 20kg）
		配重砂桶滑轮转动灵活，在导向绳上能自由滑动
5	地锚及连接件	地锚旋入深度符合要求，承受拉力不小于 10kN
		固定螺栓、花篮螺栓紧固完好
6	其他	导向钢丝绳与地面的夹角在 45°～60° 为宜

五、速差自控器

速差自控器又叫速差防坠器，用于人员高处作业防止意外坠落，即使意外坠落也能快速有效地保障人员安全，能在限定距离内快速制动锁定坠落人员，保护人员的生命安全。当使用者上升或下降时，安装在坠落制动器内的伸缩式弹簧会使系带始终保持紧绷状态。一旦发生坠落，其内置式的制动装置便会通过激活一个棘轮装置来阻止系带进一步伸出，从而在最佳状态下对坠落起到阻止作用。在正常情况下，会将自由坠落阻止在小于 0.8m 的距离内。

（一）速差自控器的安装

（1）速差自控器悬挂于使用者上方坚固且固定的结构物质上，可将棉纶吊绳跨过钝边的结构物质，棉纶吊绳上的铁钩挂入速差自控器的 U 型环上即可。也可选用直径为 9～13mm 的钢丝绳，钢丝绳外穿一胶皮管以减缓固定位置钢件棱角对钢丝绳的伤害，钢丝绳两端制成标准绳套进行悬挂固定。

（2）速差自控器的固定点应选在作业人员的上方，且不能干扰作业人员的正常操作。速差自控器的钢丝绳拉出使用时，钢丝绳在垂直方向下的夹角不得大于 30°。

（3）使用钢丝绳悬挂时，将钢丝绳绳套挂在速差自控器上部的安全挂环内，将安全挂环的开口朝下，并锁紧装置。速差自控器固定后的安全挂环应为悬空的自由状态，不能与任何部位相干涉。

（4）位于作业空间上方挂点的高度应处于坠落制动器的正常作用范围之内，确保留有足够的空间，以便在发生坠落的情况下坠落制动器各项性能均能正常发挥作用。

（5）挂点应具有不小于10kN的强度。

（二）速差自控器使用前检查

（1）所有系带（钢丝绳）都能自由伸缩。

（2）制动功能检查：通过给予系带一个迅即的拉力，系带应可以立时制动。

（3）外观状态完好，螺栓及紧固铆栓齐全且旋紧，金属部件没有锈蚀痕迹。

（4）系带的尾端压接或缝制完好。

（5）安全钩可正常操作及锁闭。

（6）系带（钢丝绳）无磨损现象（撕裂、损坏、断裂、腐蚀等）。

（三）速差自控器日常使用要求

（1）使用前应对速差自控器固定情况、外观及安全绳进行检查，并试锁2~3次（试锁方法：将安全绳正常拉出时，应发生"嗒、嗒"声响；用力猛拉安全绳，应能锁止；松开安全绳应能自动收回壳体内，如安全绳不能完全回收，只需稍拉出安全绳再松开并稍作速度调节即可）。

（2）速差自控器应高挂低用，防止摆动碰撞。进行倾斜作业时，原则上倾斜角度不超过30°，30°以上必须考虑能否撞击到周围的物体。

（3）作业人员将速差自控器挂环与穿戴的安全带挂环相连，同时锁紧安全锁扣。

（4）在使用速差自控器的过程中，应经常性地检查：速差自控器的工作性能是否良好；绳钩、吊环、固定点、螺母等有无松动；壳体有无裂纹或损伤变形；钢丝绳有无磨损、变形伸长、断丝等现象，如发现异常应停止使用。

（5）速差自控器作为攀爬防坠落装置使用时，当作业人员到达工作面需使用其他安全绳时，应先挂好其他安全绳后再解开与速差自控器的连接。

（6）速差自控器使用时，钢丝绳拉出后工作完毕，收回壳体内时应控制钢丝绳回收速度，中途严禁松手，以避免回速过快造成弹簧断裂、钢丝绳打结。

（7）严禁在转动机构旁使用，以免安全绳卷入转动机构造成不必要的事故。

（8）严禁将绳打结使用，速差自控器的绳钩必须挂在安全带的连接环上。必须远离尖锐物体、火源、带电物体。

（9）速差自控器在不使用时，钢丝绳全部收回壳体内，应防止雨淋，防止接触腐蚀性的物质。

（10）用牵引绳与速差自控器上的挂环连接，在拉出或放回防坠落装置内的钢丝绳时应不与井架任何部位相擦挂。

（11）一个防坠落装置只能一人使用，同时作业人员和所携带的重物（如工具等）的总重量应低于该装置的最大承载负荷。

（四）速差自控器的维护保养

（1）速差自控器每次使用完毕，应对该装置完好状态进行检查。

（2）每周对速差自控器进行全面检查，包括速差自控器钢丝绳、外壳、安全挂环完好情况以及固定用钢丝绳或棉纶吊绳的磨损情况，并做好每次的检查记录。如发现有零部件或钢丝绳损坏，应更换速差自控器。具体检查内容见表3-7。

（3）每周对速差自控器的钢丝绳进行清洁，去除钢丝绳的尘土和油水，禁止对该装置加注任何润滑剂。

（4）速差自控器上的各部件不得任意拆除、更换；严禁无资质人员对速差自控器进行拆卸和维修。

表3-7 速差自控器检查表

序号	部件名称	检查项目
1	壳体	外观应平滑，无材料和制造缺陷，无毛刺和锋利边缘。螺栓及紧固铆栓齐且旋紧，金属部件无锈蚀痕迹
2	自动锁死装置	给予安全绳一个迅即的拉力，安全绳应立即制动、锁死
3	回收装置	安全绳独立和自动的回收
4	旋转装置	顶端挂点或安全绳末端连接器可旋转装置正常
5	安全绳（系带、钢丝绳）	所有系带（钢丝绳）都能自由伸缩
		系带的尾端压接或缝制完好
		系带（钢丝绳）无磨损现象（撕裂、损坏、断裂、腐蚀、断丝、打结等）
6	安全钩	无变形、裂纹，扣舌活动自如，铆钉等紧固件无松动
		保险功能完好，活门应向内打开，不得松旷，平稳扣紧，同预定打开平面不得超过20°，应在两个明确的动作下才能打开

六、安全带

（一）安全带的选择

（1）如工作平面存在某些可能发生坠落的脆弱表面（如玻璃、薄木板），应选择坠落悬挂安全带。

(2) 当在作业过程中需要提供作业人员部分或全部身体支撑，使作业人员双手可以从事其他工作时，应使用围杆作业安全带。

(3) 当围杆作业安全带使用的固定构造物可能产生松弛、变形时，应选择坠落悬挂安全带。

(4) 使用坠落悬挂安全带时，应根据使用者下方的安全空间大小选择具有适宜伸展长度的安全带，应保证发生坠落时，坠落者不会碰撞到任何物体。

(5) 安装挂点装置时，如使用的是水平柔性导轨，则在确定安全空间的大小时应充分考虑发生坠落时导轨的变形。

(6) 使用区域限制安全带时，其安全绳的长度应保证使用者不会到达可能发生坠落的位置，并在此基础上具有足够的长度，能够满足工作的需要。

(二) 安全带使用前检查

安全带使用前应检查各部分构件是否完好无损，无缺陷。安全带不符合下列条件之一时，应禁止使用：

(1) 组件完整，无短缺、无伤损。

(2) 绳索、编织带无脆裂、散股、断股、扭结。

(3) 皮革、织带配件完好、无伤残，安全带缝制部分捻线无裂断和残损。

(4) 金属配件表面应光洁，不得有麻点、裂纹、明显压痕、划伤和严重锈蚀等缺陷。焊接处表面不得有裂缝、咬边、凹陷和夹渣等缺陷。

(5) 挂钩的钩舌咬口平整不错位，保险装置完整可靠。

(6) 活梁卡子的活梁灵活，表面滚花良好，与框边间距符合要求。

(7) 铆钉无明显偏位，表面平整。

(三) 安全带使用要求

(1) 使用安全带前应检查各部位完好无损，安全绳、系带无撕裂、开线、霉变，金属配件无裂纹、腐蚀现象，弹簧弹跳性良好，无其他影响安全带性能的缺陷。如发现存在影响安全带强度和使用功能的缺陷，应立即更换。具体检查内容见表3—8。

(2) 安全带穿戴时束紧系带，腰扣等组件必须系紧系正。

(3) 使用坠落悬挂安全带时，安全带应高挂低用，挂点应位于工作平面上方，拴挂于牢固的构件或物体上，长绳、安全钩必须挂在不低于使用者腰部的位置，注意防止摆动、碰撞、摩擦。

表 3-8 全身式安全带检查表

序号	部件名称	检查项目
1	系带	无切口或者撕裂
		无磨损，特别是与硬件接触的部位
		无过度伸拉、线头脱落或断裂
		没有接触热、腐蚀物或溶剂而发生损伤
		没有因腐烂、发霉或紫外线辐射暴露而变质
2	调节器（调节扣）、D 型环	无变形、损坏、裂痕、磨损
3	连接器（安全钩、锁扣）	钩或插销无变形，扣舌活动自如
		铆钉等紧固件无松动
		弹片（簧）无损伤、断裂、脱落、疲劳、生锈
		保险功能完好，活门应向连接器锁体内打开，不得松旷，平稳扣紧，同预定打开平面不得超过 20°，应在两个明确的动作下才能打开
		边缘光滑，无锋利边缘，无裂纹
4	缓冲器	保护套完好
		端部环眼内应有保护套或支架并完好
		零部件平滑，无尖角或锋利边缘
5	安全绳	末端不应留有散丝
		织带末端缝纫部分或纤维绳头编花部分保护套完好
		无散股、打结或磨损严重情况

（4）使用安全带时，安全绳与系带不能打结使用。利用安全带进行悬挂作业时，不允许将挂钩直接勾在安全带绳上，应勾在安全带绳的挂环上。

（5）高处作业时，如安全带无固定挂点，应将安全带挂在刚性轨道或具有足够强度的柔性轨道上，禁止将安全带挂在移动或带尖锐棱角的或不牢固的物件上。

（6）使用中，安全绳的护套应保持完好，若发现护套损坏或脱落，必须加上新套后再使用。

（7）安全绳（含未打开的缓冲器）不应超过 2m，不应擅自将安全绳接长使用；如果需要使用 2m 以上的安全绳，应采用自锁器或速差式防坠器。

（8）使用围杆作业安全带时，应采取有效措施防止意外滑落。宜配合坠落悬挂安全带使用。

（9）使用中，不应随意拆除安全带各部件；专为区域限制安全带、围杆作业安全带、坠落悬挂安全带设计的零部件，不允许互换使用。

（10）使用连接器时，受力点不应在连接器的活门位置。

（11）在使用双钩连接绳时，应挂牢第一个安全钩后，移动身体，再挂牢第二个安全钩，然后摘下第一个安全钩，依次交替使用，以确保人体每一时刻都处于防坠落保护之中。

（12）禁止将安全带挪作他用或使用安全带来传递重物。

（13）安全带、连接绳受到人体冲击或其他负重冲击后不得使用。

（14）安全带和连接绳使用或存放满两年后应按批量购入情况，必须抽验一次。

（15）在六级及以上的大风以及暴雨、打雷、大雾等恶劣天气，应停止露天高处作业。

（四）安全带维护与保管

（1）安全带应进行编号、登记，并建立台账，做到账物相符。

（2）不可接触高温、明火、强酸、强碱或尖锐物体，不存放在潮湿和有紫外线照射的地方。

（3）安全带可放入低温水中用肥皂轻轻擦洗，再用清水漂洗干净，在远离热源、通风良好的地方晾干，不允许浸入热水中及在日光下曝晒或用火烤。

七、载人绞车及提篮

载人绞车是以气动马达为动力，通过齿轮减速机构驱动卷筒，实现载人提升和重物牵引的绞车装置。

提篮指悬吊平台，是四周装有护栏，用于搭载作业人员、工具和材料进行高处作业的悬挂装置。

（一）启动前检查

1. 载人绞车启动前检查

（1）载人绞车各紧固部位应牢固可靠，活绳头固定牢固。

（2）排绳保护装置完好，排绳器排绳整齐，钢丝绳正确缠绕且第一层在滚筒上固定好，钢丝绳无打扭、断丝超标、严重压扁现象；吊钩固定牢靠，旋转自如，自锁装置完好。

（3）紧急停车按钮及各控制阀件动作灵敏，刹车灵敏可靠。控制管线接头无松动漏气现象，信号喇叭工作可靠。

（4）检查空气滤清器，马达润滑油池、油雾器润滑油充足。

（5）气源压力不低于 0.55MPa，气动马达运转应无异常声音。

（6）应急气源正常。

2. 吊篮检查

（1）吊篮护栏齐全完好，安全门插销完好。

（2）4 根钢丝绳完好，固定牢靠。

（二）载人绞车设置

1. 设置绞车上限位置

（1）取下限位开关箱上限位调整螺栓保护接头，露出限位调整螺栓（限位开关箱位于绞车右部，在绞车滚筒轴偏上的位置）。

（2）卸松中间的调整螺栓。

（3）启动绞车上提测试载荷，同时顺时针方向调节 2# 调整螺栓，直到绞车在最高限定位置自动停车为止。

（4）一旦通过调节 2# 调整螺栓调节好绞车的上限位置后，立即将中间调整螺栓上紧。

（5）按下绞车启动按钮重新设置主控阀，打开绞车，再一次进行上限位置测试。

（6）如果绞车上限位置偏低需要重新设置，则重新松开中心调整螺栓，逆时针旋转 2# 调整螺栓几圈，上提测试载荷，直到绞车在新设定的上限位置自动停下为止。上紧中间调整螺栓，按下绞车启动按钮，重新进行上限位置测试。

（7）如果绞车上限位置设定偏高的话，首先将绞车测试载荷下放，下放位置要低于将要设定的上限位置。然后松开中间调整螺栓，上提测试载荷，同时顺时针旋转 2# 调整螺栓几圈，直到绞车在重新设定的上限位置自动停下为止。上紧中间调整螺栓，按下绞车启动按钮，重新进行上限位置测试。

（8）设定完成后，装上限位开关箱上限位调整螺栓保护接头及密封圈。

2. 设置绞车下限位置

（1）取下限位开关箱上限位调整螺栓保护接头，露出限位调整螺栓。

（2）卸松中间的调整螺栓。

（3）下放测试载荷，同时顺时针旋转 1# 调整螺栓，直到绞车在下限位置自动停下为止。

（4）一旦通过调节 1# 调整螺栓设定好下限位置，立即上紧中间调整螺栓。

(5) 按下载人绞车启动按钮，重新启动主控阀，进行下限位置测试。

(6) 如果绞车下限位置偏高，则卸松中间调整螺栓，顺时针旋转 1# 调整螺栓几圈，下放测试载荷直到绞车在重新设定的下限位置自动停止为止。上紧中间调整螺栓，按下绞车启动按钮，重新进行下限位置测试。

(7) 如果设定的下限位置偏低，则首先上提测试载荷，上提位置要高于将要设定的下限位置。松开中间调整螺栓，下放测试载荷，同时逆时针旋转 1# 调整螺栓，直到绞车在重新设定的下限位置自动停止为止。上紧中间调整螺栓，按下绞车启动按钮，重新进行下限位置测试。

(8) 设定完成后，装上限位开关箱上限位调整螺栓保护接头及密封圈。

（三）载人绞车与提篮的使用

(1) 提篮防护要求包括：

①提篮应有足够的强度和刚度。承受 2 倍的均布额定载重量时，不得出现焊缝裂纹、结构件破坏等现象。

②提篮四周应安装有固定的安全护栏，工作面的护栏高度不应低于 0.8m，其余部位则不应低于 1.1m，护栏应能承受 1kN 的水平集中载荷。

③提篮内工作宽度不应小于 0.4m，并应设置防滑底板，底板有效面积不小于 $0.25m^2$/人，底板排水孔直径最大为 10mm。

④提篮底部四周应设有高度不小于 0.15m 的挡板，挡板与底板间隙不大于 5mm。

⑤提篮使用 4 根 $1/2$ in（ϕ12.7mm）钢丝绳套作为吊绳，钢丝绳一端用卸扣分别固定于提篮上方四角，另一端用 1 只卸扣连接挂于载人绞车吊钩。提篮在工作中的纵向倾斜角度不应大于 8°。

(2) 载人绞车操作人员应经过培训，且为井架工岗位以上。

(3) 在每次使用载人绞车之前，首先进行无负荷测试，确保气动马达运转正常，且刹车不抱刹车鼓。

(4) 提篮上作业人员应配备独立于提篮的安全绳及安全带。安全绳及安全带挂钩必须挂入载人绞车吊钩。

(5) 载人绞车作业时上提、下放速度不大于 18m/min。

(6) 载人绞车及提篮严禁超载或带故障使用。

(7) 利用提篮进行电焊作业时，严禁用提篮和载人绞车钢丝绳作电焊接线回路，提篮内严禁放置氧气瓶、乙炔瓶等易燃易爆品。

(8) 停机时手柄回复到中位，并及时切断气源。

（9）在遇到紧急情况时，按下紧急停车按钮，气源停止供气，同时在控制阀件的作用下，刹带抱死刹车鼓，实现紧急刹车制动。

（四）使用载人绞车和提篮注意事项

（1）操作时集中精力，平稳操作，严禁猛提、猛放、猛刹。

（2）当使用紧急停车按钮、调节载人绞车上下限位位置后，必须使用启动按钮才可以使载人绞车重新工作。

（3）刹带钢圈断裂后必须更换，严禁焊接使用。刹车带磨损严重应更换刹车带。

（4）在气源输入压力小于 0.55MPa 时不得使用载人绞车，低气源压力会使绞车（如果配备自动刹车的话）刹车参与工作，从而使刹车鼓的温度升高，造成刹车不良。

（5）载人绞车使用机油来防止过热或过度的磨损，避免火花的产生，因此必须经常检查润滑油量。

（6）油雾器油量应充足，利于绞车的润滑。为保证输入气体清洁、干燥，在不影响气体压力的情况下，在输入气管线上，应加装冷凝过滤设备。

（7）开启后，应先空转 1～2min，并检验刹车机构是否可靠，有无异常声音。

（8）绞车在运转过程中，如有异常声音，应立即停车检查。

（9）绞车停车应切断气源，防止马达运转造成事故。

（10）应急动力源输入口与应急动力源连接，原则上应急动力源应为氮气，其氮气瓶中氮气压力应该在 0.5～0.7MPa，当出现异常情况，正常气源动力无法输出时，使用应急氮气气源动力。

八、自动升降平台

自动升降平台是一种垂直运送人或物的多功能起重机械，主要靠液压驱动，它使高处作业效率更高，安全更有保障。图 3-21 为某钻井队配备的自动升降平台。

（一）使用前检查

（1）检查电源线及电气控制箱进出线是否完好。

（2）检查行程开关是否失效（用手将行程开关推进，确认开关的动作）和各按钮是否有效。

（3）检查输油管等是否有漏油现象。

（4）检查各连接部位是否紧固，所有结构件不得有严重脱焊、变形、腐蚀、断开和裂纹等。

图 3-21　自动升降平台

(5) 检查工作平台安全护栏是否完好。

(二) 升降平台的使用

(1) 接通电源，操控前进、后退手柄将升降平台移动到工作位置或人力推动平台至工作位置。

(2) 撑开支腿，调整支腿螺栓，使升降平台保持水平，然后锁定支腿定位栓。支腿与张开支腿处的夹角在 100°左右，地基松软处须在推盘处加枕木，以保证支腿不下陷。

(3) 试车。分别按动"起升"、"停止"、"下降"按钮，操纵升降平台上升和下降 2～3 次，确保升降平台工作正常。

(4) 人员进入操作平台，起升至工作位置进行作业。

(三) 使用注意事项

(1) 使用时须至少两人操作，确保一人工作，一人安全监护。

(2) 禁止支腿没有撑开或支撑不到位时使用。

(3) 平稳操作升降平台，随时注意平台上情况及其上方和周围环境，防止工具跌落或碰撞。

(4) 升降台升至合适的高度后，有条件的地方应用绳索将升降机与上方物体联结为一体，必要时工作人员应系安全带，避免晃动过大出意外。

(5) 升降平台移动或行走时，必须将升降台降至最低限度，收回支腿，方可移动。

(6) 升降台工作时，四周 2m 之内应隔离，以防落物伤人。

（7）作业时，平台载荷应均匀分布，防止偏载，禁止超载作业。

（8）未经许可不得随意拆装电器、液压系统部件和检修。

（9）严禁在工作台上进行超常规带电作业。

（10）若发现异常或漏油，应立即停用，不得带故障作业。

（11）五级以上大风，严禁使用升降机作业。

（四）维护保养

（1）保持液压油及油箱清洁，检查油质和油位，发现油质变质应及时更换，升降平台全程升起后，油位应高于油标尺下限位。

（2）各接触运动副部位加注润滑油。

（3）如平台自动下滑，检查应急放油开关是否松动和单向阀密封是否可靠。

（4）不得任意调整溢流阀，任意调整后可能造成液压系统非正常运转。

（5）作业平台应保持清洁，不使用时，应放在防雨、防晒、通风干燥的地方。

第三节 常见高处作业安全防护设施判废标准

高处作业安全防护设施是高处作业人员最后一道安全保护屏障，始终保持其完好性至关重要。为此，行业管理部门和使用单位对部分主要的高处作业安全防护设施报废标准进行了明确要求。

（1）安全带判废标准见表3-9。

表3-9 安全带判废标准

序号	部件名称	判废标准
1	安全绳、系带、缓冲器	过度磨损或损坏，包括切割、刺穿或烫伤、撕裂、织带边缘损坏超过1/8总宽度
		带子拉长或者线头脱落、织带断裂
		因金属硬件的尖刺对织带造成隐藏的暗伤
		与热、腐蚀物或溶剂接触而影响强度的损伤
		材料性能的衰退，不能够轻松地辨认织带的颜色
		发生坠落事故后
2	连接器（安全钩、锁扣）、D型环	钩或插销有变形、裂缝或因过热而导致损伤
		转环或插销处磨损
		有弯曲、扭曲或变长、断裂、裂缝、尖角和过度磨损
		生锈、腐蚀或外表的严重缺陷
		金属扣舌不能活动自如
		铆钉等紧固件松动
3	其他	使用年限达到规定要求（安全带应在制造商规定的期限内使用，围杆作业安全带一般不应超过3年，区域限制安全带、坠落悬挂安全带一般不应超过5年）

（2）二层台逃生装置判废标准见表3-10。

（3）井架攀升保护器判废标准见表3-11。

（4）速差自控器判废标准见表3-12。

表 3-10　二层台逃生装置判废标准

序号	部件名称	判废标准
1	悬挂体	挤压变形、损坏
2	缓降器	缓降器转动不灵活或卡死
		缓降器阻力小，下滑速度明显加快（正常下滑速度约为 1m/s）
		变形、损坏
3	手动控制器	制动滑块磨损严重，不能有效夹紧导向绳
		锁紧丝杆变形，转不动
		各连接铆接件松动、退出
		腰钩锁舌弹簧失效，不能复位，锁紧装置失效
		腰钩钢丝绳损坏
4	导向绳、上下拉绳	钢丝绳出现断丝情况
		因打结、扭曲、挤压等造成钢丝绳畸变、压破、芯损坏，因变形致使导向绳、上下拉绳分别无法顺利通过手动控制器、缓降器
		严重锈蚀，柔性降低，表面明显粗糙
		带电燃弧引起钢丝绳烧熔、熔融金属液浸烫，或长时间暴露于高温环境中引起强度下降
		钢丝绳磨损，在任何位置实测钢丝绳直径低于原公称直径 90%
5	花篮螺栓、钢丝绳夹	裂纹、变形、螺纹损坏
6	地锚	损坏
7	其他	使用年限达到规定要求（应在制造商规定的期限内使用，一般不应超过 5 年）

表 3-11　井架攀升保护器判废标准

序号	部件名称	判废标准
1	U 型卡环	任何部位产生裂纹
		销轴和扣体断面磨损超过名义尺寸 10%
		扣体和销轴发生明显变形，销轴不能自如转动或螺纹倒牙、脱扣
2	锁紧防坠器（抓绳器）	牙状制动块磨损严重，咬合在钢丝绳上后打滑
		锁紧螺栓或自锁装置损坏
		挂钩损坏
		各铆接件松动、退出

续表

序号	部件名称	判废标准
3	钢丝绳	钢丝绳出现断丝情况
		因打结、扭曲、挤压等造成钢丝绳畸变、压破、芯损坏，因变形致使攀升保护器无法在钢丝绳上下顺利滑动
		严重锈蚀，柔性降低，表面明显粗糙
		带电燃弧引起钢丝绳烧熔、熔融金属液浸烫，或长时间暴露于高温环境中引起强度下降的
		钢丝绳磨损，在任何位置实测钢丝绳直径低于原公称直径90%
4	花篮螺栓、钢丝绳夹	裂纹、变形、螺纹损坏

表3—12 速差自控器判废标准

序号	部件名称	判废标准
1	壳体	变形、损坏
2	自动锁死装置	给予安全绳一个迅即的拉力时，安全绳不能制动、锁死
3	回收装置	安全绳不能独立和自动回收至壳体内
4	安全绳（系带、钢丝绳）	安全绳磨损严重，出现撕裂、损坏、断裂、腐蚀、断丝、打结等情况
		钢丝绳磨损，在任何位置实测钢丝绳直径低于原公称直径90%
5	安全钩	出现弯曲、扭曲变形、裂纹、铆钉等紧固件松动，生锈、腐蚀或外表的严重缺陷
		金属扣舌不能活动自如，松旷，自锁功能失效

第四章

钻井现场高处作业典型不安全行为和隐患

第一节 典型不安全行为

钻井现场高处作业不安全行为分为操作不安全行为和管理不安全行为两类。

一、操作不安全行为

高处作业的操作不安全行为主要表现为不按要求使用安全防护设施、不正确使用安全防护设施、高处工具无防掉措施或向下抛物、站位不当等。

（1）高处作业不按要求使用安全防护设施：主要表现有不按要求使用安全带、井架防坠落装置、登梯助力器以及速差自控器等。表 4-1 为作业现场部分不按要求使用安全防护设施行为表现。

表 4-1 高处作业不按要求使用安全防护设施不安全行为

不安全行为描述	图 例	危害说明
某员工攀爬钻台底座时未系安全带		人员易从支架上掉落摔伤
某员工在井架人字梁上作业时未系安全带		人员易从人字梁上掉落摔伤

续表

不安全行为描述	图 例	危害说明
某员工在柴油机上作业没有系安全带		人员易从柴油机上掉落摔伤
某员工上井架不使用登高助力器		人员攀爬时费力
某员工高处作业安全帽未系下颌带		人员从高处坠落时安全帽起不到保护作用
员工高处作业无安全防护措施		人员易从高处掉落摔伤
某员工站在封井器拆卸防溢管时未使用安全带		人员易从封井器上掉落摔伤

(2) 高处作业不正确使用安全防护设施：主要表现有安全带尾绳固定不规范，未高挂低用以及在井架上行走不使用生命线等。表 4-2 为作业现场部分不正确使用安全防护设施行为表现。

表 4-2 高处作业不正确使用安全防护设施不安全行为

不安全行为描述	图 例	危害说明
某员工井架上作业，安全带尾绳挂钩固定不牢靠（直接钩在井架槽钢上）		人员从高处掉落时安全带起不到保护作用
某员工井架上作业，安全带尾绳未高挂低用		高处掉落距离增大，安全带起不到应有的保护作用
某员工拆装井架时，所系安全带尾绳过长（3m）		坠落距离增大，安全带起不到应有的保护作用
某员工保险带一条绑腿未系		坠落时身体承受的冲击力不均衡，易对身体造成伤害

- 111 -

续表

不安全行为描述	图例	危害说明
某员工私自拆除循环罐护栏		人员易从高处掉落摔伤
某员工井架上行走不使用井架生命线		人员易从井架上掉落摔伤

(3) 高处工具无防掉措施或向下抛物不安全行为：主要表现有高处工具不系安全绳、工具摆放不稳妥以及从高处抛物等。表4-3为作业现场部分高处工具无防掉措施或向下抛物不安全行为表现。

(4) 高处作业人员站位不当：主要表现有站在防护栏杆上作业、身体伸出防护栏杆、站在设备上临边作业等。表4-4为作业现场部分高处作业人员站位不当行为表现。

(5) 临边作业不安全行为：主要表现有在钻井液池、井口等临边作业无防护措施等。表4-5为作业现场部分临边作业不安全行为表现。

表4-3 高处工具无防掉措施或向下抛物不安全行为

不安全行为描述	图例	危害说明
某员工井架上作业，大锤使用完未摆放稳妥		大锤易从高处掉落伤人

第四章　钻井现场高处作业典型不安全行为和隐患

续表

不安全行为描述	图　例	危害说明
某员工高处作业，扳手未系安全绳		扳手易从高处掉落伤人
某员工将拆掉的连接销从高处抛下		连接销易伤及下方人员
某员工从井架上往下扔撬杠		撬杠易伤及下方人员
某员工沿大门坡道向下扔物件		物件易伤及大门坡道下方人员

- 113 -

表 4–4　高处作业人员站位不当不安全行为

不安全行为描述	图　例	危害说明
某员工站在栏杆上作业		人员易从栏杆上摔下
某员工站在车马槽上		人员易从车马槽上摔下
某员工身体伸出栏杆外作业		人员易从高处掉落摔伤
某员工检查绞车时站在设备边缘		人员易从高处滑落摔伤

续表

不安全行为描述	图例	危害说明
某员工检修时踩在绞车滚筒护罩上		人员易从护罩上摔下
某员工站在钻井泵体边缘作业		人员易从泵上摔下
某员工调节防碰天车时,脚下支撑不稳		人员易从站立的栏杆上滑倒摔伤
某员工站在护栏上挂风向标		人员易从护栏上摔下

续表

不安全行为描述	图　例	危害说明
某员工坐在栏杆上作业		人员易从栏杆上摔下
某员工骑坐在封井器锁紧杆上作业		人员易从锁紧杆上摔下

表 4–5　临边作业不安全行为

不安全行为描述	图　例	危害说明
某员工检修钻井液池边排污泵时，无防坠落保护措施		人员易滑落钻井液池
某员工一人单独在钻井液池边沿作业		人员易滑落钻井液池，且不易被发现

续表

不安全行为描述	图例	危害说明
某两员工在钻井液池边作业未系保险带		人员易滑落钻井液池
某员工表层钻进井口刮沙子不系安全带		人员易滑落入井口

（6）其他操作类不安全行为：有上下梯子不扶扶手、翻越栏杆、人员站在危险区域等。表4-6为作业现场部分其他操作类的不安全行为表现。

表4-6　其他操作类不安全行为

不安全行为描述	图例	危害说明
某员工下梯子不扶栏杆		人员易从梯子上摔下

- 117 -

续表

不安全行为描述	图 例	危害说明
某员工上循环罐翻越栏杆（不走梯子）		人员易从高处摔下
某员工坐在高处危险区域休息		人员易从高处掉落摔伤
某员工从设备间跨越行走		人员易从高处掉落摔伤

二、管理不安全行为

高处作业的管理不安全行为主要表现有不按要求安装防护设施、安排无资质人员从事高处作业、高处作业不按要求办理作业许可、不按要求建立高处作业安全防护设施检查制度及管理台账等。

（1）防护设施缺失：主要有防护栏杆不全、井架生命线不全、作业面盖板打开无隔离警示、拆装作业临边危险区域未隔离警示等。表4-7为作业现场部分高处作业防护设施缺失、管理不到位表现。

（2）违反制度、流程：主要表现有高处作业未办理作业许可、提前拆掉梯子、不按要求对安全防护设施进行检查和保养等。表4-8为作业现场部分违反高处作业管理制度、流程表现。

表 4—7 防护设施缺失

不安全行为描述	图 例	危害说明
某钻井队钻台上栏杆不全仍继续作业		人员易从钻台上摔落
某钻井队不按要求设置井架生命线		井架上作业时安全带无悬挂点
某钻井队循环罐盖板打开无隔离警示		人员易从洞口摔落罐内
某钻井队拆装钻台临边危险区域未隔离警示		人员易从钻台上摔落

续表

不安全行为描述	图 例	危害说明
某钻井队钻井液池四周未进行围栏隔离		人员易掉落钻井液池
某钻井队钻井液池未设置救援绳、救生圈等应急救援装置		人员掉落钻井液池后不易施救、逃生
某钻井队危险区域作业未采取隔离措施		高处落物易伤及钻台人员

表4-8 违反制度、流程

不安全行为描述	图 例	危害说明
某钻井队高处作业未办理作业许可		易造成高处作业管控措施不落实

续表

不安全行为描述	图 例	危害说明
某钻井队拆卸时提前拆掉循环罐梯子		不方便人员上下循环罐
某钻井队安全带未悬挂存放，与杂物混放		安全带易损坏且不方便检查
某钻井队未建立安全设施检查保养制度		不易发现设施存在隐患
某钻井队未建立高处作业安全防护设施台账		不方便查阅设施检查、使用记录

第二节　钻井队高处作业典型隐患

钻井队高处作业安全隐患主要集中在高处作业安全防护设施缺损或安装不规范、井架上辅助设施安装不到位及现场梯子安装不规范等方面。

一、安全防护设施类

（1）安全带典型隐患：主要有尾绳破损超标、本体破损、挂钩自锁失效、挂钩不闭合等。表 4-9 为作业现场安全带典型隐患。

表 4-9　安全带典型隐患

隐患描述	图　例	危害说明
安全带尾绳破损超标		人员高处坠落时尾绳易断裂
安全带本体破损		人员高处坠落安全带易断裂、解体

- 122 -

续表

隐患描述	图例	危害说明
安全带挂钩自锁失效		安全带易脱钩
安全带挂钩不闭合		安全带易脱钩

（2）防护栏杆典型隐患：主要有栏杆固定不牢靠、栏杆缺失、栏杆不符合标准等。表4-10为作业现场防护栏杆典型隐患。

表4-10　防护栏杆典型隐患

隐患描述	图例	危害说明
栏杆固定不牢靠		人员易从栏杆处掉落

续表

隐患描述	图　例	危害说明
栏杆不全		人员易从缺口处掉落
栏杆缺失		人员易从缺口处掉落
栏杆无踢脚板		工具、物件易从高处掉落伤人
栏杆空隙大		人员易从栏杆缺口掉落

第四章　钻井现场高处作业典型不安全行为和隐患

（3）二层台逃生装置典型隐患：主要有上腰钩距逃生门过远、标识牌安装错误、下腰钩高度过低、地锚安装固定不规范、绳索变形（交叉、打扭）、绳索与二层台栏杆干涉等。表4-11为作业现场二层台逃生装置典型隐患。

表 4-11　二层台逃生装置典型隐患

隐患描述	图例	危害说明
二层台逃生装置上腰钩距逃生门过远		逃生时人员不易挂上腰钩，且存在高处掉落风险
二层台逃生装置上手动控制器插入指示牌		上手动控制器位置易发生移动，不方便使用
二层台逃生装置下手动控制器指示牌未安装		下手动控制器可能处于锁紧状态，紧急时人员不能从高处滑下
二层台逃生装置下腰钩高度过低		人员下滑易摔伤

- 125 -

续表

隐患描述	图　例	危害说明
二层台逃生装置地锚正反螺栓余扣过少		易退扣、脱落
二层台逃生装置下无缓冲垫		人员下滑到地面易摔伤
二层台逃生装置绳卡松动，螺帽缺失		人员下滑时承重绳易脱开
悬挂器安装位置低，工作绳与栏杆接触		人员下滑时，缓降绳与栏杆摩擦，存在断裂风险
安装角度太小，钢丝绳与逃生门顶端摩擦		人员下滑时，缓降绳与栏杆摩擦，存在断裂风险

第四章　钻井现场高处作业典型不安全行为和隐患

续表

隐患描述	图例	危害说明
导向绳、拉绳打扭变形		人员下滑时，缓降绳存在阻卡风险
导向绳、拉绳交叉		人员下滑时，缓降绳会在交叉处阻卡，将人员悬停在半空
手动控制器未定期注油		人员下滑调节丝杠不灵活，甚至锈死
二层台逃生装置腰钩锁舌失效		人员下滑时，存在保险带尾钩从腰钩脱开风险

续表

隐患描述	图 例	危害说明
安装时，缓降器散热孔未打开		人员下滑时，存在缓降器温度过高导致阻卡、失效风险
地锚固定不牢		人员下滑时，存在地锚脱开导致下滑人员摆动冲撞井架，滞留高处风险
二层台逃生装置地锚破损		人员下滑时，存在地锚固定断裂导致下滑人员摆动冲撞井架，滞留高处风险
二层台逃生装置地锚固定螺栓、螺母缺失		人员下滑时，存在地锚固定脱开导致下滑人员摆动冲撞井架，滞留高处风险

（4）井架防坠落装置典型隐患：主要有抓绳器放置不对、腰钩失效、扶正塑料块缺失等。表4—12为作业现场井架防坠落装置典型隐患。

表4—12 井架防坠落装置典型隐患

隐患描述	图 例	危害说明
防坠落装置抓绳器未放置于抓绳底部		不方便人员在底部使用时及时获取
井架防坠落装置腰钩失效		人员使用时，存在保险带尾钩从腰钩脱开风险
抓绳器扶正塑料块缺失		人员使用时，存在阻卡，影响上行

（5）速差自控器典型隐患：主要有钢丝绳长时间处于拉伸状态、钢丝绳断丝超标、钢丝绳不能自由回缩或锁紧等。表4—13为作业现场速差自控器典型隐患。

表 4-13 速差自控器典型隐患

隐患描述	图 例	危害说明
速差自控器钢丝绳长时间处于拉伸状态		速差自控器长时间处于拉伸状态，易导致棘轮装置失效
速差自控器钢丝绳断丝超标		人员一旦发生坠落，可能会出现钢丝绳断裂，导致人员坠落风险
速差自控器钢丝绳不能自由回缩		钢丝绳不能自由回缩，说明棘轮损坏或钢丝绳阻卡，发生坠落时，不能起到缓冲作用
速差自控器钢丝绳快速拉出后不能立即锁紧		钢丝绳不能立即锁紧，说明棘轮损坏，发生坠落时，不能起到缓冲作用

- 130 -

续表

隐患描述	图例	危害说明
速差自控器挂钩锁舍失效		人员使用时，存在保险带尾钩从挂钩脱开风险

二、井架类

（1）井架笼梯典型隐患：主要有井架笼梯断裂、变形等。表4-14为作业现场井架笼梯典型隐患。

表4-14 井架笼梯典型隐患

隐患描述	图例	危害说明
井架笼梯断裂		人员上下梯子缺乏笼梯保护
井架笼梯变形，人员无法通行		人员上下梯子存在剐蹭掉落风险

（2）井架二层台典型隐患：主要有井架二层台钻具挡销、指梁固定不牢及保险绳

（防护链）断裂、缺失等。表4-15为作业现场井架二层台典型隐患。

表4-15 井架二层台典型隐患

隐患描述	图 例	危害说明
二层台钻具挡销防护链断裂		二层台钻具挡销限位一旦失效，存在掉落风险
二层台候台保险绳断裂		二层台固定一旦失效，存在掉落风险

（3）井架上与高处作业相关的其他典型隐患还有井架辅助滑轮无保险链（保险绳）、井架槽钢内放置杂物等。表4-16为作业现场井架上与高处作业相关的其他典型隐患。

表4-16 其他典型隐患

隐患描述	图 例	危害说明
井架辅助滑轮无保险链（保险绳）		滑轮固定一旦失效，存在掉落风险
槽钢内放置杂物		存在掉落风险

三、梯子类

钻井现场梯子类典型隐患：主要有梯子固定连接销缺失、固定不牢靠、梯子踏板破损、护栏缺失、梯子安装位置不正确等。表4-17为作业现场梯子类典型隐患。

表4-17　梯子类典型隐患

隐患描述	图　例	危害说明
梯子固定连接销缺失		梯子存在掉落风险
工作梯踏板破损		存在崴脚、跌落风险
梯子无扶手		人员上下梯子，存在掉落风险
梯子上端未固定		人员上下梯子，存在随同梯子一块掉落的风险

续表

隐患描述	图 例	危害说明
梯子没有拴保险绳		梯子固定一旦失效，存在掉落风险
梯子底部悬空		不方便人员上下梯子且存在梯子掉落风险
梯子前有障碍物		不方便人员上下梯子
梯子与罐面不平		人员通过时易发生崴脚、跌倒风险
梯子下端出口离钻井液池过近		人员上下梯子时，存在掉落钻井液池风险

四、其他类

（1）钻井现场循环罐上与高处作业相关的典型隐患：主要有循环罐踏板与罐面空隙大、罐面盖板固定不牢靠等。表4-18为作业现场循环罐上与高处作业相关的典型隐患。

表 4-18　循环罐上典型隐患

隐患描述	图　例	危害说明
循环罐踏板与罐面空隙大		人员经过时存在崴脚、跌落风险
罐面盖板未固定		人员经过时存在崴脚、跌落风险
罐面坑洞盖板未将洞口完全覆盖		人员经过时存在崴脚、跌落风险

（2）钻井现场地面及钻井液池与高处作业相关的典型隐患：主要有地面坑洞未回填或未隔离警示、钻井液池防护设施不全或防护设施存在缺陷等。表4–19为作业现场地面及钻井液池与高处作业相关的典型隐患。

表4–19 地面及钻井液池典型隐患

隐患描述	图　例	危害说明
地面坑洞未回填		易出现人员跌倒或掉入坑洞内风险
钻井液池救生圈充气不足		紧急情况下，起不到救援作用

第五章

高处作业典型事故案例分析

第一节　拆安井架高处坠落事故案例

一、某钻井队"7·17"高处坠落事故

（一）事故经过

2014 年 7 月 17 日，某钻井队进行井架大腿方梁的对接安装作业。8:15，在左侧人员对接完左侧井架大腿与方梁上方的两个连接销后（共 4 个，上下各 2 个），负责右侧井架大腿与方梁销孔对接安装的副司钻霍某和井架工王某发现右侧方梁销孔与井架大腿销孔不正，连接销无法从孔内穿过。井架工王某便准备取撬杠进行销孔校正。由于撬杠处在距离王某身后约 1.3m 的井架大腿槽钢内，无法直接取拿，王某便将保险带尾绳从井架大腿吊耳上摘下后去取撬杠。王某取到撬杠在回返约 1m 时，重心失稳从 4.5m 高的井架大腿上向身体左后方跌落，碰到距离地面 3.05m 的井架防护笼梯后，身体左侧触地受伤。

图 5-1 至图 5-4 为事故现场示意图。

图 5-1　"7·17"事故现场模拟照片

图 5-2　人员站位示意图

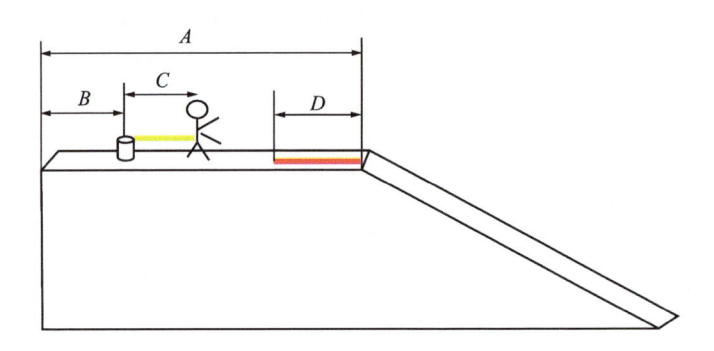

图 5-3　伤者取撬杠之前安全带系挂示意图

注：
A 为井架大腿可移动距离：5m；B 为耳板与吊耳距离：1m；C 为保险带有效长度：1.4m；D 为撬杠长度：1.3m。
人距离撬杠距离 =A-B-C-D=5-1-1.4-1.3=1.3（m）

（二）原因分析

1. 直接原因

井架工王某在距离地面 4.5m 高的井架大腿槽钢上取拿撬杠走动时，由于未系挂安全带尾绳，身体重心失稳坠落。

2. 间接原因

（1）违章作业。王某在井架上行走未固定安全带尾绳。

（2）员工工作经验不足。王某在井架大腿槽钢内采取直立行走方式移动，重心偏高，加上撬杠重量，容易出现重心偏离。

图 5-4　井架大腿与方梁安装示意图

3. 管理原因

（1）风险管控不到位。钻井队没有提前识别井架大腿生命线缺失而导致的安全带尾绳无法固定的风险。

（2）安全培训不到位，员工高处作业风险防范意识不够。

（3）现场安全监控不到位。现场监督员和井架安装监控人员全部在井架左侧，而右侧无人监管，对王某作业过程中的不安全行为未能及时发现并制止。

（三）事故为什么树分析

"7·17"事故为什么树分析如图 5-5 所示。

二、某钻前工程公司安装队"11·22"高处坠落事故

（一）事故经过

2009 年 11 月 22 日下午，某钻前工程公司安装队进行拆卸井架底座作业。安装四班班长张某和井架安装工钱某配合拆掉了钻机后铺台及绞车大梁，最后只剩下连接左右底座的一根工字梁。14:50 左右，张某用大锤把工字梁与右底座的两个连接销打掉，左侧底座上的钱某也在打左侧的两个连接销。此时，安装队副队长发现偏房没有吊走，便安排张某先装车，张某转身时发现带偏房的底座慢慢开始倾斜，偏房连同偏房架子和底座一起侧翻，在上面作业的钱某沿倾倒的偏房架子摔到地面（底座高度 4.7m），造成钱某脑后部软组织肿胀，皮肤损伤，左侧鼻骨轻微损伤，第二、三节椎骨轻微错位。

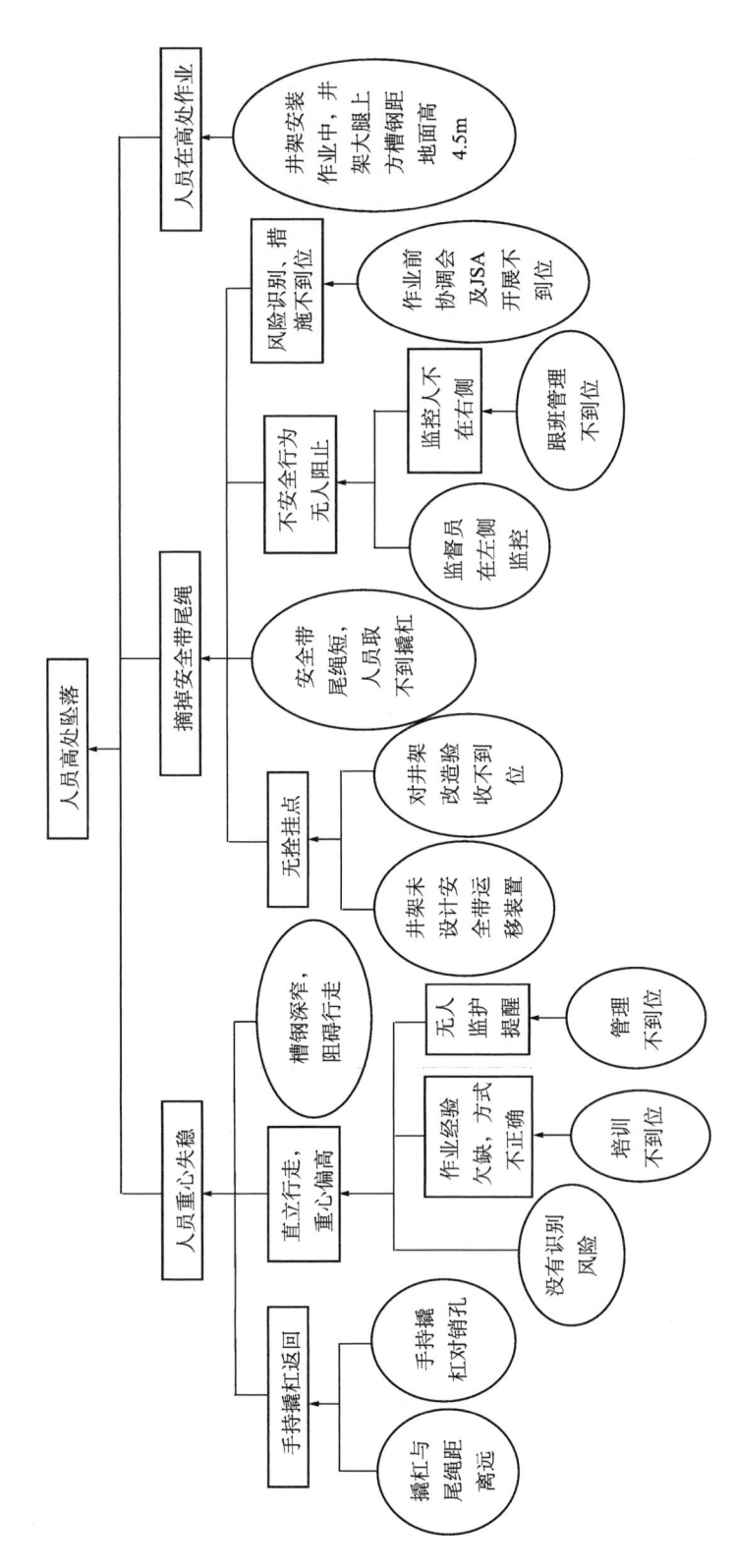

图 5-5 "7·17" 事故为什么树分析图

图 5-6 和图 5-7 为事故现场示意图。

图 5-6　侧翻后的底座和摔落的钻台偏房（前视图）

图 5-7　侧翻后的底座和摔落的钻台偏房（后视图）

（二）原因分析

1. 直接原因

钻台两端底座之间连接梁拆除后，左侧底座因钻台偏房未提前拆除导致重心偏离倾倒，高处作业的钱某随底座一起摔落到地面受伤。

2. 间接原因

（1）拆卸工序错误。在钻台偏房没有吊下来的情况下，把左右底座相连的转盘梁、大马架、钻机梁拆卸下来，最后又把连接左右底座的工字梁的连接销打掉，导致偏房一侧所在的底座失去平衡侧翻。

（2）现场安全监管不力。管理人员对现场错误的拆卸方法没有及时制止。

3. 管理原因

（1）作业人员日常培训不到位，安全意识淡薄，出现低级失误。

（2）作业程序不完善。程序中未对拆卸工序错误后可能出现的后果进行分析、提示。

（三）事故为什么树分析

"11·22"事故为什么树分析如图 5-8 所示。

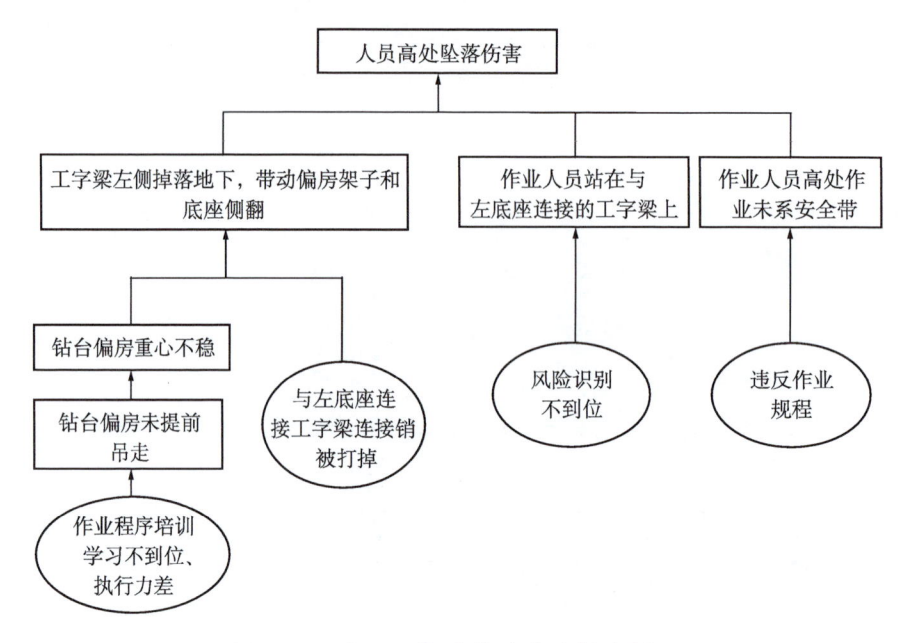

图 5-8   "11·22"事故为什么树分析图

第二节　二层台高处坠落事故案例

一、某钻井队"5.26"高处坠落事故

（一）事故经过

2008年5月26日9:30，某钻井队循环处理钻井液。15:30，钻三班司钻罗某向在钻台上巡岗检查的平台经理刘某反映，二层台左指梁内侧的指梁盖板因风动绞车钢丝绳摩擦作用，部分地方翘裂严重，需整改。平台经理刘某同意司钻罗某的整改请示，15:50，司钻罗某安排外钳工尤某带领场地工杨某一起上二层台将左指梁内侧盖板拆下来进行焊接处理，钻工袁某操作风动绞车配合拆卸。

15:55，尤某和杨某先后上至二层台，尤某接过杨某带上的工具（4磅大锤一把和6号手钳一把）准备操作时，发现风动绞车提钩高度不够，尤某发出信号让袁某将风动绞车提钩再起高点，同时示意钻台上的人员（司钻罗某、钻井工程师黄某）走远一点，防止高处落物。尤某和杨某站在将被拆卸的指梁盖板上，在杨某的协助下，尤某首先把靠司钻一侧的盖板连接销卸出，紧接着又把另一侧的连接销卸出一半，尤某提出用风动绞车将指梁盖板吊起来后再打出连接销的另一半。随后尤某去取内指梁靠二层台风动绞车处的备用2in钢丝绳，由于钢丝绳捆扎得太紧没有取出，后又去取外指梁外侧的钻杆兜绳（白棕绳）。在尤某解取白棕绳的过程中，杨某站在将被拆卸的指梁盖板上拿起大锤独自拆卸剩留一半的连接销。就在杨某将大锤和卸出的连接销放在另一块指梁盖板上时，尤某看到杨某连同被拆卸的指梁、指梁盖板一起从二层台往下坠落。左指梁及指梁盖板坠落在钻台上，杨某坠落在钻台前梯道口第三梯上后，弹至钻台大门坡道，最终坠落在锚道右侧管台架前的地面上，经抢救无效死亡。

图5-9至图5-13为事故现场示意图。

（二）原因分析

1. 直接原因

员工杨某在未使用安全带的情况下，站在二层台一块指梁盖板上拆卸该指梁盖板固定连接销，指梁盖板固定连接销被完全拆除后从高处坠落，将站在该指梁盖板上的杨某带下钻台。

图 5-9　二层台指梁盖板脱落状态　　图 5-10　二层台指梁盖板连接固定方式

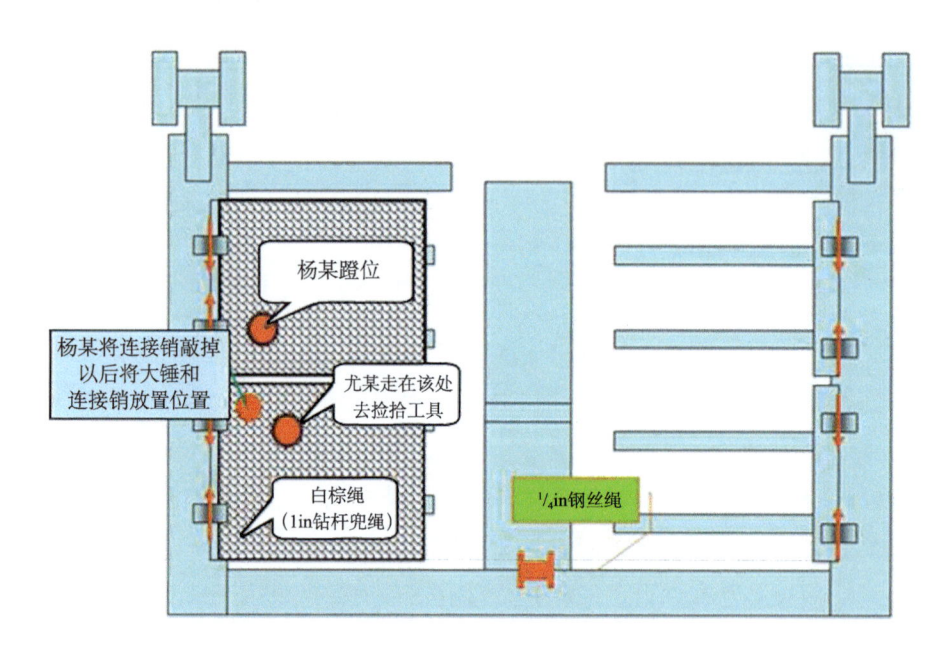

图 5-11　人员在二层台工作位置示意图

2. 间接原因

（1）作业人员站位错误。杨某站在被拆指梁盖板上。

（2）对拆盖板作业程序不清楚。

（3）监管不到位。该公司规定，从事高处作业前必须进行作业许可和安全措施确认，但该项作业并未开高处作业许可票，平台经理、司钻均未对高处作业进行安全技术交底，高处作业监管不到位。

图 5-12　人员坠落高度示意图　　图 5-13　人员坠落后落地点

（三）事故为什么树分析

"5·26"事故为什么树分析如图 5-14 所示。

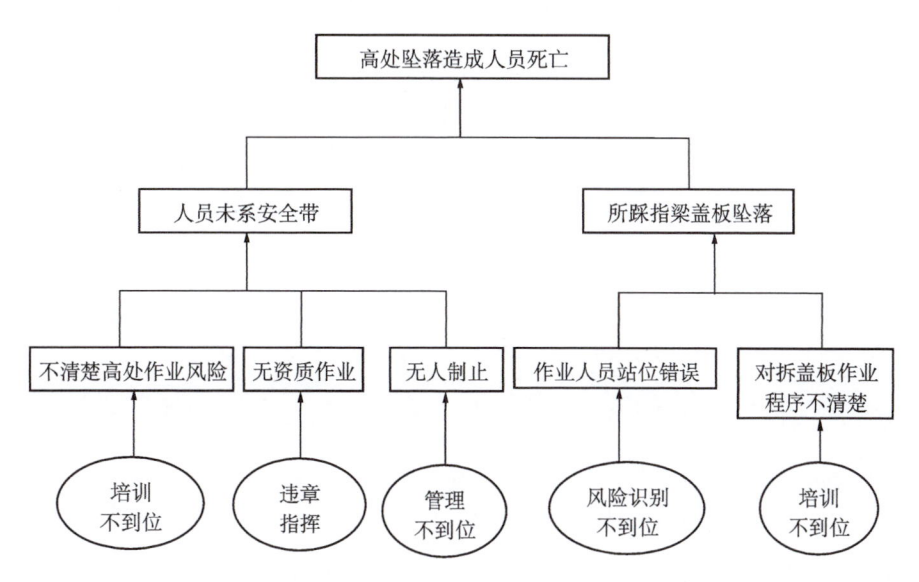

图 5-14　"5·26"事故为什么树分析图

二、某钻井队"6·25"高处坠落事故

(一) 事故经过

2002年6月24日,某钻井队钻至井深2691m,起钻准备取心。机械工长赵某安排工程三班外钳工路某将安全带用游车带上二层台。25日2:00左右天气起雾,3:35左右,副司钻陈某操作刹把,起至第25号立柱时,从二挡高速改为三挡高速,4:45左右起至第64号立柱时,由于滚筒过卷阀丝杆退扣掉落,过卷阀未起作用,陈某看清大绳位置时,钢丝绳已在滚筒上多缠了一层,导致游车上顶天车,将绞车大绳拉断,游动系统掉落过程中将二层台候台碰落,井架工何某随候台掉落在钻台,送医院抢救无效死亡。

(二) 原因分析

1. 直接原因

起钻时,游车发生上顶下砸,井架工高处作业未系安全带,随着被击落的二层台候台坠落死亡。

2. 间接原因

(1) 副司钻在操作刹把时没有执行操作规程。未观察游动系统及钢丝绳在滚筒上的排列情况。

(2) 关键要害部位日常岗位检查不到位。滚筒过卷阀螺栓松扣,丝杆掉落,导致游车高处警戒位置滚筒过卷阀防碰天车未起作用。

(3) 特殊天气和夜间作业的安全措施不落实。公司明文规定,在天黑大雾天气,禁止使用高挡位起钻,但司钻未遵守。

(4) 井口作业人员及井架工未按照作业要求观察游动系统运行情况,出现异常未能及时发现。

(5) 钻井队未将二层台速差自控器固定在井架本体上,而是固定在二层台候台上,一旦出现二层台或候台整体掉落,作业人员高处坠落将不可避免。

3. 管理原因

(1) 钻井队对起下钻操作日常监控管理不到位。

(2) 钻井队对高处作业人员培训管理不到位。

(3) 钻井队对防碰天车等关键部位管理不到位。

(三)事故为什么树分析

"6·25"事故为什么树分析如图 5-15 所示。

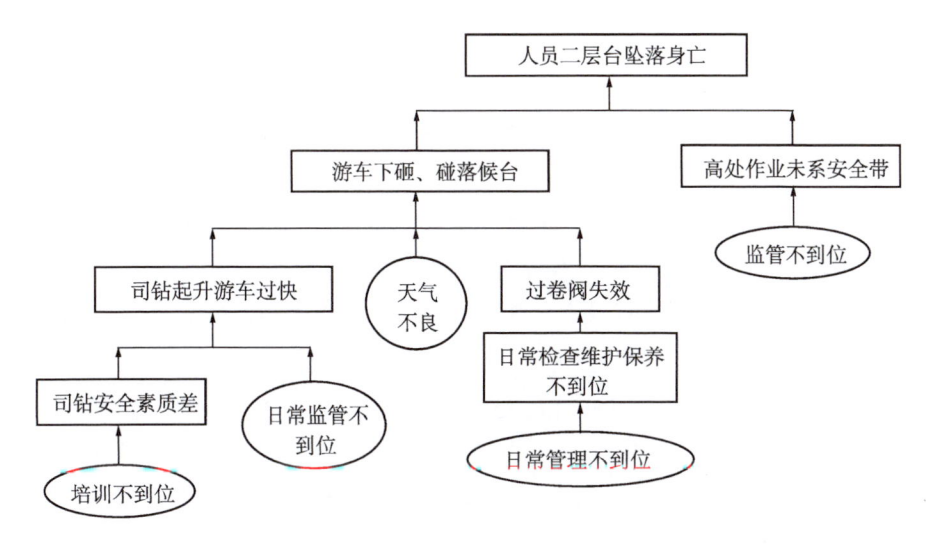

图 5-15 "6·25"事故为什么树分析图

三、某钻井队"11·7"高处坠落事故

(一)事故经过

2007 年 11 月 7 日,某钻井队正常钻进时,钻井液池窜漏起钻,井架工王某在二层台作业时虽然穿了安全带,但未将安全带尾绳固定在二层台速差自控器上。钻井液池窜漏问题整改完后开始下钻。井架工王某系好安全带爬上二层台,仍然未将安全带尾绳固定在速差自控器上,司钻武某将游车起到井架二层台位置,通过司控房视频监控器看到王某在二层台候台拴好兜绳,用钻杆钩子拉钻铤立柱,在未拉动情况下,王某便走到靠井架右侧钻铤支梁处用手推钻铤立柱出指梁,在钻铤被推出过程中,王某随钻铤惯性被带出指梁,坠落到钻台右侧钻杆盒子位置处,经抢救无效死亡。

(二)原因分析

1. 直接原因

井架工王某在未将保险带尾绳与速差自控器连接的情况下,站在二层台指梁上推钻铤时被钻铤带出候台,摔落到钻台。

2. 间接原因

（1）井架工违章操作。井架工王某在二层台操作没有按规定将安全带尾绳固定就进行作业，出现特殊情况又违规站出候台作业，违反了安全带使用和二层台操作安全规定。

（2）现场监管责任未落实。司钻发现王某多次在二层台作业时不固定安全带尾绳的违章行为后，没有及时制止，安全监管失职。

（3）员工安全意识不强。王某虽然清楚二层台作业存在的高处坠落风险，但仍多次出现违章操作，反映出该员工个人防护意识低下。

（4）钻井队基础管理薄弱。作业现场出现人员高处不正确使用安全带、发现人员违章司钻不及时制止、作业内容变更后不及时召开安全会、对作业风险未进行识别和控制等管理漏洞，反映出该钻井队日常管理比较混乱，基础管理薄弱。

（三）事故为什么树分析

"11·7"事故为什么树分析如图5-16所示。

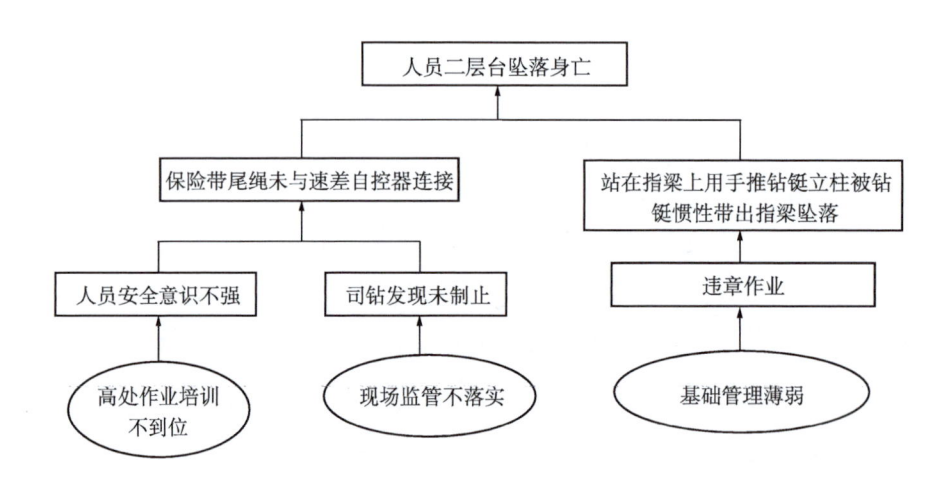

图5-16 "11·7"事故为什么树分析图

四、某钻井队"9·5"高处坠落事故

（一）事故经过

2007年9月5日，某钻井队工程一班进行正常钻进作业。10:50左右，井架工白某上到井架二层台进行检查，检查后，将手动控制器挂钩挂在安全带腰部的吊环内，在

拉绳与手动控制器未通过连接环连接的情况下就开始下滑，大约滑行 2～3m 后，下滑速度突然加快失控，将白某滑行摔落在逃生装置沙坑内，致使其右大腿骨折。

图 5-17 至图 5-19 为事故现场示意图。

图 5-17　下部手动控制器与承重绳连接状态

图 5-18　事故后下部手动控制器状况

图 5-19　人员落地模拟

（二）原因分析

1. 直接原因

井架工在二层台检查时，把承重绳的挂钩解开，在下滑时没有将承重绳的挂钩挂在手动控制器吊环上，使手动控制器没有通过缓降器，失去了匀速下滑作用，下滑速度过快将白某摔伤。

2. 间接原因

（1）机械工长胡某在逃生装置安装完毕后未组织验收，隐患未及时得到发现。

（2）监督员赵某发现逃生装置隐患后未通报钻井队值班干部，而是直接安排井架工白某去整改，违反岗位权利。

3. 管理原因

（1）井队干部管理不到位。逃生装置安装完毕后未按要求组织检查验收，隐患未及时得到发现。

（2）井队对逃生装置使用培训不到位。逃生装置仅限发生紧急情况时供二层台作业人员逃生使用，日常不得用于训练或试滑，要试滑时必须进行作业许可。

（三）事故为什么树分析

"9·5"事故为什么树分析如图 5—20 所示。

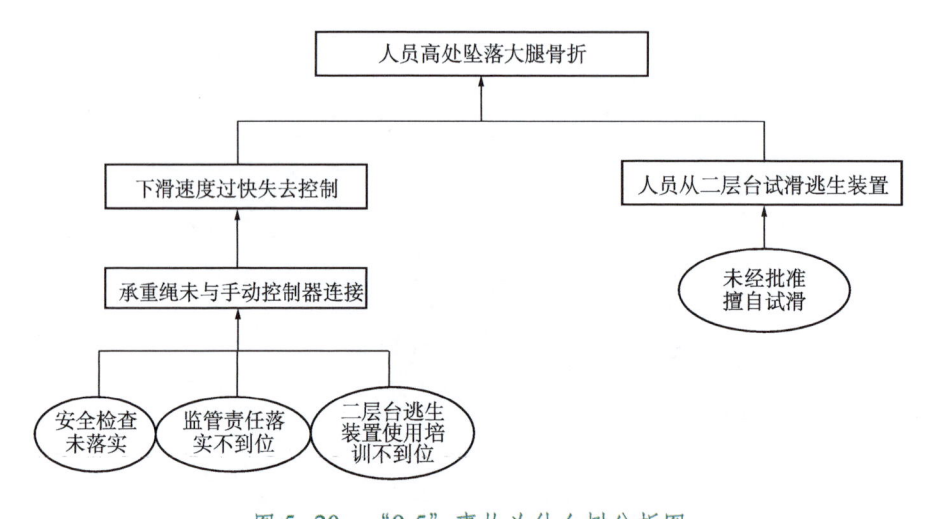

图 5—20 "9·5"事故为什么树分析图

第三节　循环罐上高处坠落事故案例

一、某钻井队"8·28"高处坠落事故

（一）事故经过

2014 年 8 月 28 日，某钻井队进行清洗循环罐作业。11:30 左右，开始清理循环罐，司机赵某到 MCC 房断循环罐电路并进行监护，场地工孟某利用生产水罐离心泵接水龙带进行清罐作业，钻井液技术员姚某在振动筛处旁站监督。15:25 左右，清完 1# 罐后由姚某拉住水龙带，孟某到生产水罐关离心泵开关停水，停水后姚某把水龙带拉至振动筛处，并通知孟某开水清理钻井液罐槽。15:30 孟某上循环罐行至 1# 罐罐口处，跨越罐口（罐口未盖盖板）时右脚打滑、左脚踩空跌落至罐内。

图 5-21 和图 5-22 为事故现场示意图。

图 5-21　循环罐罐面情况

（二）原因分析

1. 直接原因

场地工孟某跨越罐口时右脚打滑，左脚踩空跌落至未盖盖板的循环罐内。

- 153 -

图 5-22　上循环罐梯子安装位置

2. 间接原因

（1）场地工孟某在清洗完循环罐后未及时盖好盖板。

（2）循环罐罐面湿滑，员工未抓栏杆扶手冒险跨越罐口时滑跌坠落。

（3）日常管理不到位，对员工不抓栏杆扶手的不安全行为未进行纠正。

（4）存在设备缺陷。罐口设计在上下循环罐梯子入口处，易发生人员坠罐。

（三）事故为什么树分析

"8·28"事故为什么树分析如图 5-23 所示。

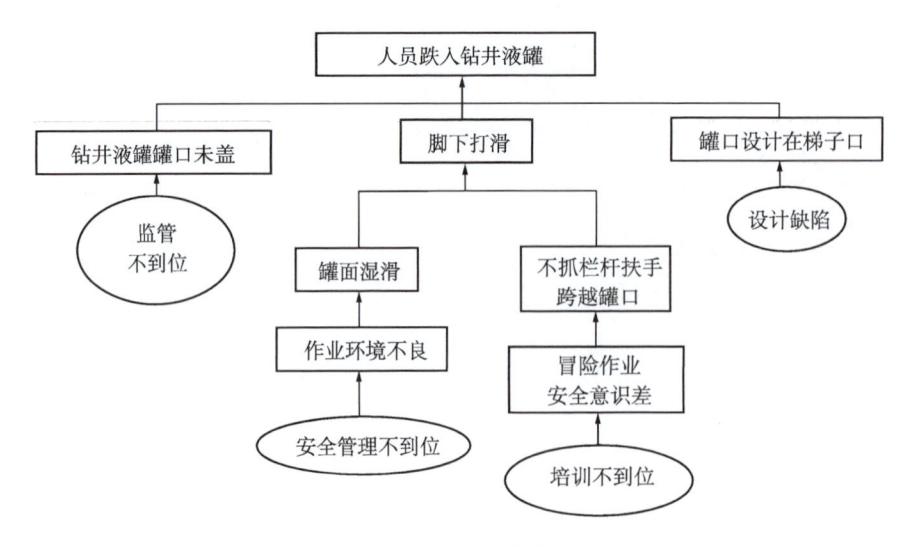

图 5-23　"8·28"事故为什么树分析图

二、某钻井队"5·24"高处坠落事故

（一）事故经过

2012 年 5 月 24 日，某钻井队在下钻到底划眼过程中，座岗工苏某发现振动筛跑钻井液，准备从振动筛三通管线上过去关闭 2# 振动筛出口管蝶阀，由于脚下打滑重心失稳，从循环罐上跳下摔倒在地面上，造成右腿骨小梁骨折。

图 5-24 为事故现场示意图。

图 5-24　人员工作位置模拟

（二）原因分析

1. 直接原因

员工苏某站在振动筛三通管线上关闭 2# 振动筛出口管蝶阀时，脚下打滑，从三通管线上滑跌摔伤。

2. 间接原因

（1）员工工作位置选择错误。关闭 2# 振动筛出口管蝶阀时，未站在两个振动筛之间过道处操作，未识别站在三通管上操作存在从高处跌落的风险。

（2）出口管三通管线防护连杆不全。厂家在设备设计及制造时，在三通管线外侧没有设计、安装防护栏杆。

3. 管理原因

（1）钻井队未识别三通管高处作业风险，未加装防护栏杆，也没有警示。

（2）钻井队对员工的临边作业培训落实不到位。

（三）事故为什么树分析

"5·24"事故为什么树分析如图5-25所示。

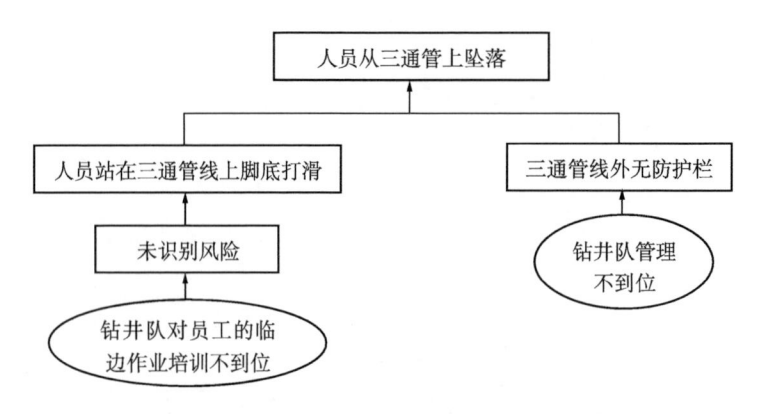

图 5-25　"5·24"事故为什么树分析图

第四节　其他高处坠落事故案例

一、某钻井队"9·17"高处坠落事故

（一）事故经过

2010年9月17日，某钻井队进行完井拆卸作业。16:00左右，副队长信某安排工程二班井架工赵某系安全带，从内钳侧井架大腿梯子上导流管挂绳套，在绳套挂好后信某发出起吊信号指挥吊车试起吊时，发现靠振动筛一侧的绳套与卸扣缠绕，于是就安排井架工赵某从振动筛处上导流管进行整改，赵某在身系安全带但没有将尾绳固定的情况下，脚踩导流管下的灌浆管线手扶导流管向前移动，这时由于导流管转动，赵某不慎坠落在节流管汇与防喷管线之间，导致其左手桡骨骨折。

图5-26至图5-31为事故现场示意图。

图5-26　整改卸扣时的模拟照片

图5-27　事故发生时的卸扣与钢丝绳的状态　　图5-28　导流管距地面高度

图 5-29　导流管正常状态　　　图 5-30　事故发生后导流管状态

图 5-31　拆除导流管两端时的状态

(二) 原因分析

1. 直接原因

井架工赵某在未固定安全带尾绳的情况下，脚踩在导流管灌浆管线上移动，导流管突然发生转动，致使其从高处滑落。

2. 间接原因

（1）跟班干部、大班监控职责不落实。对赵某高处作业时没有固定保险带尾绳的违章行为没有及时制止。

（2）超越作业程序。拆卸导流管应先挂好绳套后再拆除两端固定，而钻井队是先把两端固定拆除后再挂绳套，导致导流管旋转。

3. 管理原因

（1）作业许可、工作安全分析不落实。虽然该队对拆卸钻台进行了临时登高的作业许可和工作安全分析，但没有对拆卸导流管作业进行许可管理和工作安全分析。

（2）吊装作业专人指挥不落实。钻井队在人员分工时安排大班司钻负责工程二班的吊装指挥，而在实际工作中临时安排由副队长进行吊装指挥。

（3）钻井队日常培训不落实。赵某高处作业不系安全带尾绳，安全意识不强，工作经验不足，反映出井队日常对员工的安全教育不够。

（三）事故为什么树分析

"9·17"事故为什么树分析如图 5—32 所示。

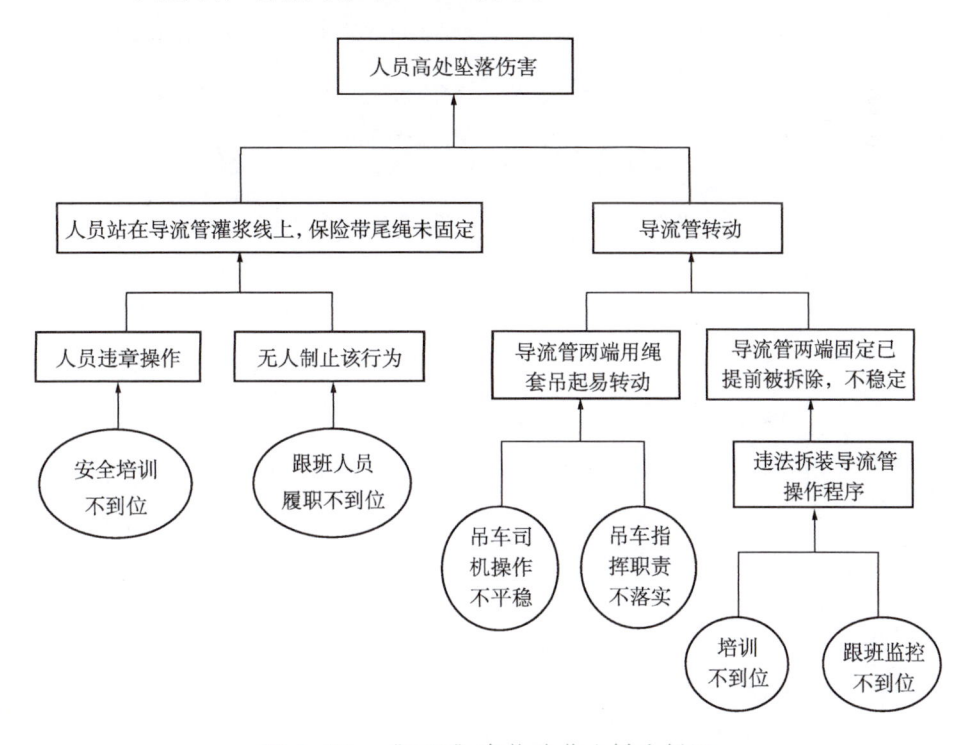

图 5—32 "9·17"事故为什么树分析图

二、某服务部"9·14"高处坠落事故

（一）事故经过

2010 年 9 月 14 日，某管具公司服务部进行吊装防腐套管作业。该公司外委运输公司管运班班长王某组织管运工杨某、赵某、张某进行人员分工并召开安全会，由杨某负责吊装指挥。16:42 装车完毕后，张某到车上摘取绳套，这时驾驶员李某突然启动车辆，

- 159 -

车上的张某在无准备的情况下从距地面 2.52m 的高处摔落到地面，造成右手手腕骨折。

图 5-33 为事故现场示意图。

图 5-33　现场模拟

（二）原因分析

1. 直接原因

张某到车上摘取绳套时车辆突然移动，致其从车上摔下。

2. 间接原因

（1）违反作业程序。驾驶员李某在未接到指挥人员指令情况下贸然私自启动车辆。

（2）员工工作方法错误。作业完取绳套可以借助工具在地面进行，而张某采取了高处作业方式。

3. 管理原因

（1）生产组织不力。吊装作业负责人虽然在作业前召开了作业前安全会，对作业注意事项进行了强调，但未要求参与作业的卡车驾驶员参加。

（2）外委运输公司日常教育培训不到位。作业人员对作业存在的风险认识不足，安全意识不强。

（3）服务部对外委运输公司监控不到位，属地管理职责不落实。

(三)事故为什么树分析

"9·14"事故为什么树分析如图5-34所示。

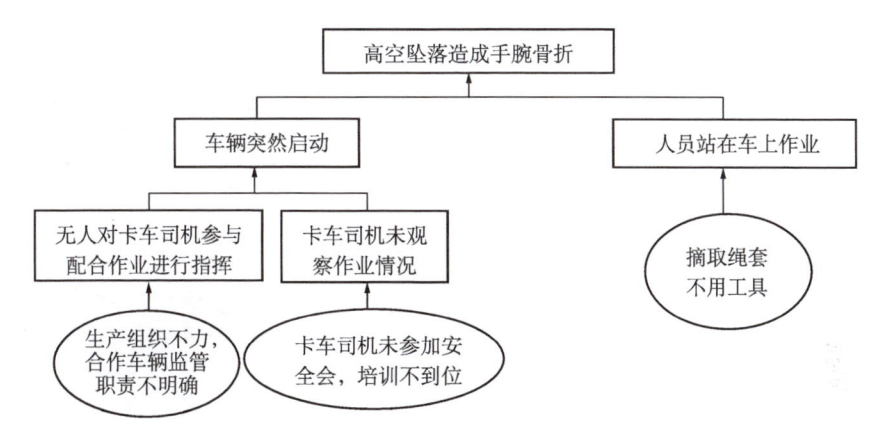

图5-34 "9·14"事故为什么树分析图

三、某钻井队"10·10"下跳扭伤事故

(一)事故经过

2013年10月10日,某钻井队钻井液大班张某、钻井液工杨某对放置在井场外提篮里的排污泵管线进行清理。16:00,张某、杨某清理清点完排污泵管线后准备下提篮,张某转身从最初攀爬处跳下。杨某走到提篮中间,站在提篮的圆梁上,右手扶另一个提篮中的机泵房盖板边角,左手扶所站位置提篮的圆梁,蹲下后跳下提篮,蹲坐在地面,导致右腿扭伤。

图5-35和图5-36为事故现场示意图。

图5-35 人员起跳时的模拟

（二）原因分析

1. 直接原因

钻井液工杨某下跳时，因地面不平整，右脚落点时扭伤。

2. 间接原因

员工安全防范意识不强。杨某下提篮时未采用俯身下溜的安全方式，而是在未观察清楚地面状况的情况下，盲目下跳。

3. 管理原因

（1）高处作业培训不到位。

（2）高处作业管理不到位，现场未配备简易梯子。

图 5-36　人员落脚受伤模拟

（三）事故为什么树分析

"10·10"事故为什么树分析如图 5-37 所示。

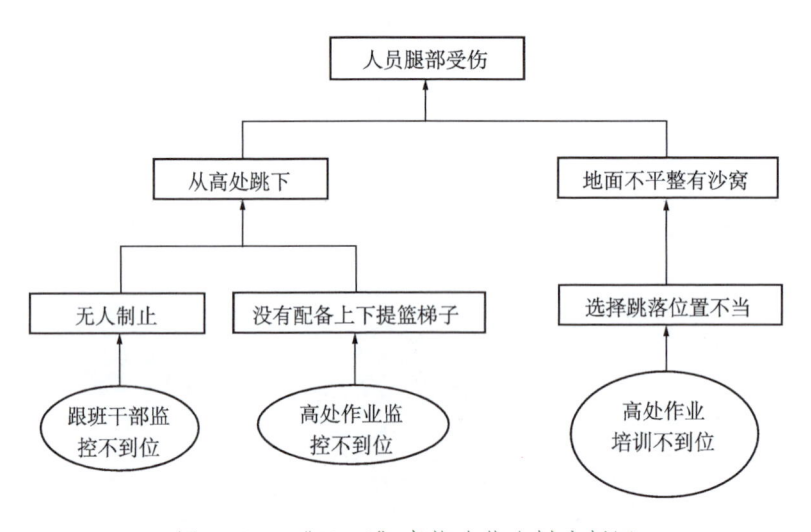

图 5-37　"10·10"事故为什么树分析图

- 162 -

四、某钻井队"8·31"高处接线坠落事件

(一)事故经过

2015 年 8 月 31 日 13:20,某钻井队停产整休期间,看井人员王某、孙某私自联系借附近老乡的生活用电,用于晚上照明和手机充电。在登上 1 个 4m 长的竹梯子接电线时,身体失去平衡,从梯子上掉下来坐在地上,造成腰部受伤。

图 5-38 和图 5-39 为事故现场示意图。

图 5-38　人员登梯作业模拟　　　图 5-39　人员落地模拟

(二)原因分析

1. 直接原因

看井人员王某违反看井管理规定,私自登高接电,身体失稳从梯子 4m 高处坠落。

2. 间接原因

(1)员工违章作业。王某在无请示汇报和无电工操作资质的情况下,私自登高和进行带电作业,违反了公司相关制度和要求。

(2)作业所用设施选择不当。看井人员王某登高时选用的梯子过短,作业时需站在梯子最上端才能够着电线,站位过高易发生身体倾斜、摔落。

3. 管理原因

（1）钻井队冬休准备工作不充足。钻井队未能及时修好损坏的太阳能发电机，为看护人员提供必要的生活条件，导致员工私自接电。

（2）钻井队对看护人员看护期间的管理不到位。未能建立看护期间相关事项的请示汇报制度，对井上无照明的实际情况未能及时了解和协助解决。

（三）事故为什么树分析

"8·31"事故为什么树分析如图 5-40 所示。

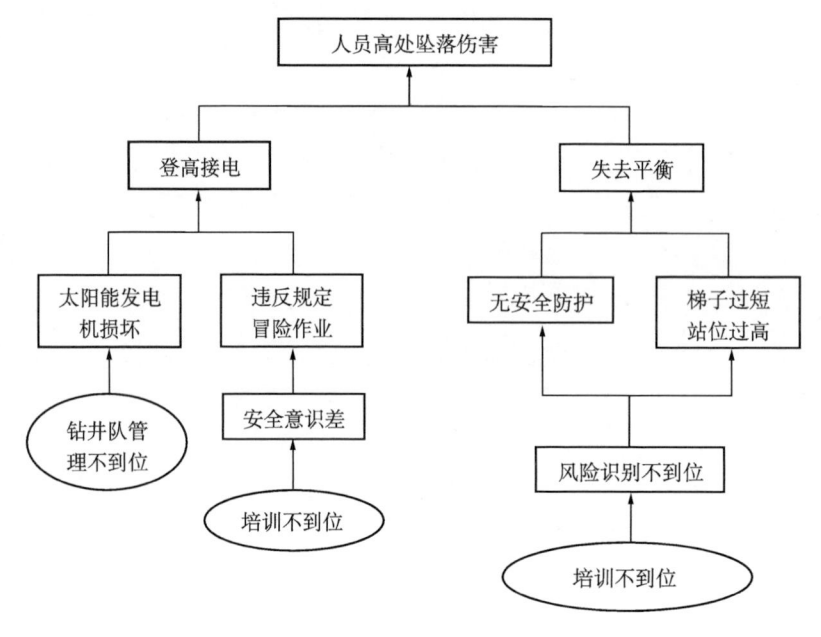

图 5-40　"8·31"事故为什么树分析图

参 考 文 献

[1] 伍国胜，曾蜀雄. 高处坠落伤损伤部位研究进展 [J]. 实用临床医学，2010，11（7）.

[2] GB/T 3608—2008 高处作业分级.

[3] GB 6095—2009 安全带.

[4] GB/T 23468—2009 坠落防护装备安全使用规范.

[5] GB 24544—2009 坠落防护　速差自控器.

附 录

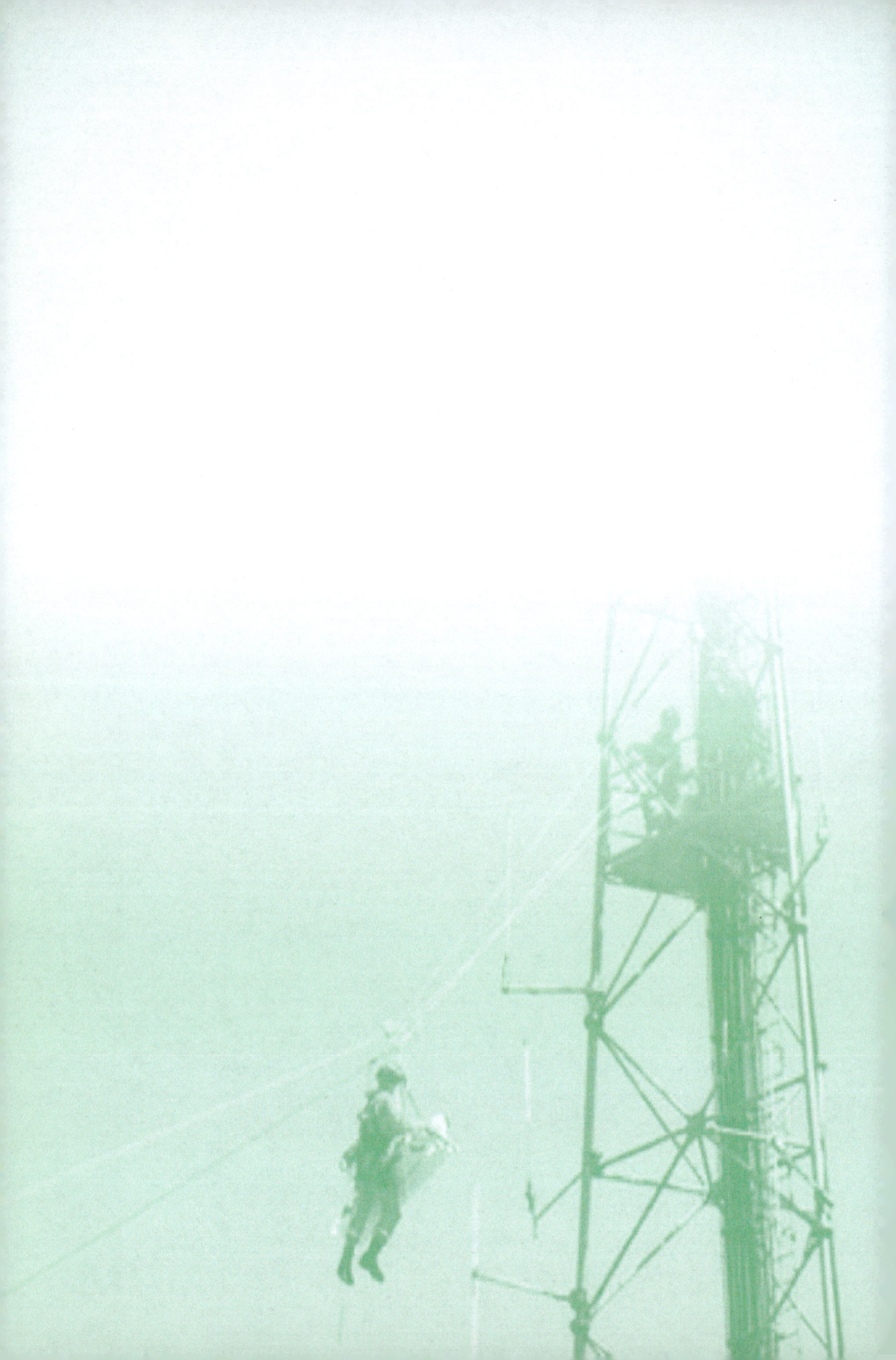

附 录 一

国家、行业及企业关于高处作业管理的标准目录及主要内容

国家、行业及企业关于高处作业管理的标准目录及主要内容见附表1-1、附表1-2和附表1-3。

附表1-1 国家标准

序号	标准号	标准名称	标准主要内容
1	GB/T 3608—2008	高处作业分级	高处作业的术语和定义、高度计算方法及分级
2	GB/T 23468—2009	坠落防护装备安全使用规范	安全网、安全带等坠落防护装备的配需要求、安全使用要求、使用期限、定期检验要求及标识管理要求
3	GB 6095—2009	安全带	安全带的分类和标记、技术要求、检验规则及标识
4	GB/T 6096—2009	安全带测试方法	安全带的测试方法和测试设备
5	GB 24543—2009	坠落防护 安全绳	安全绳的分类与标记、技术要求、测试方法、检验规则及标识
6	GB/T 23469—2009	坠落防护 连接器	连接器的一般要求、技术性能、测试方法及标识
7	GB/T 24538—2009	坠落防护 缓冲器	缓冲器的分类、技术要求、测试方法、检验规则及标识
8	GB 24544—2009	坠落防护 速差自控器	速差自控器的技术要求、测试方法、检验规则及标识
9	GB 4053.1—2009	固定式钢梯及平台安全要求 第1部分：钢直梯	固定式钢直梯的设计、制造和安装方面的基本安全要求
10	GB 4053.2—2009	固定式钢梯及平台安全要求 第2部分：钢斜梯	固定式钢斜梯的设计、制造和安装方面的基本安全要求
11	GB 4053.3—2009	固定式钢梯及平台安全要求 第3部分：工业防护栏杆及钢平台	固定式工业防护栏杆及钢平台的设计、制造和安装方面的基本安全要求

续表

序号	标准号	标准名称	标准主要内容
12	GB 12142—2007	便携式金属梯安全要求	便携式金属梯设计、制造的安全要求、试验要求及安全使用等方面的要求
13	GB 7059—2007	便携式木折梯安全要求	便携式木梯设计、制造的安全要求、试验要求及安全使用等方面的要求
14	GB/T 17889.3—2012	梯子 第3部分：使用说明书	梯子的安全使用建议
15	GB 19155—2003	高处作业吊篮	高处作业吊篮的定义、分类、技术要求、试验方法、检验规则、标志、包装、运输、贮存及检查、维护和操作
16	GB 11651—2008	个体防护装备选用规范	个体防护装备选用的原则和要求

附表1-2 行业标准

序号	标准号	标准名称	标准主要内容
1	HG 30013—2013	生产区域高处作业安全规范	高处作业分类与分级、安全要求与防护和"高处安全作业证"的管理
2	JGJ 80—1991	建筑施工高处作业安全技术规范	工业与民用房屋建筑及一般构筑物施工时，高处作业中临边、洞口、攀登、悬空、操作平台及交叉等项作业应遵守的规定

附表1-3 企业标准

序号	标准号	标准名称	标准主要内容
1	Q/SY 1515.1—2012	个人防护管理规范 第1部分：防坠落用具	防坠落用具的安全使用一般要求以及相关审核、偏离、培训和沟通的管理要求
2	Q/SY 1246—2009	脚手架作业安全管理规范	脚手架作业安全管理要求以及相关审核、偏离、培训和沟通的管理要求

附 录 二

中国石油天然气集团公司高处作业安全管理办法

安全〔2015〕37号

第一章 总 则

第一条 为加强中国石油天然气集团公司（以下简称集团公司）高处作业安全管理，防止发生高处坠落等事故，依据集团公司安全生产管理规定、作业许可管理规定等制度，制定本办法。

第二条 本办法适用于集团公司总部机关、专业分公司及其直属企事业单位和全资子公司（以下统称所属企业）的高处作业安全管理。

集团公司及所属企业的控股公司通过法定程序实施本办法。

第三条 本办法所称的高处作业是指距坠落高度基准面 2m 及以上有可能坠落的高处进行的作业。坠落高度基准面是指可能坠落范围内最低处的水平面。

第四条 高处作业管理应遵循"管工作管安全"的原则，有效落实直线责任和属地管理，强化高处作业风险管控，落实安全措施，确保安全作业，防止事故发生。

第五条 安全环保与节能部负责制订集团公司高处作业安全管理规章制度。

第六条 专业分公司负责对本专业领域所属企业落实本办法进行专业指导和监督检查。

第七条 所属企业负责本办法的实施落实，依据本办法制定细则，对高处作业实行分级管理，明确高处作业每一级的审批程序和权限，开展相应培训，落实高处作业安全管理要求，并及时开展检查指导，确保高处作业安全。

第二章 高处作业许可流程

第八条 高处作业实行许可管理，高处作业许可流程主要包括作业申请、作业审批、作业实施和作业关闭等四个环节。

第九条 作业申请由作业单位的现场作业负责人提出，作业单位参加作业区域所属单位组织的风险分析，根据提出的风险管控要求制定并落实安全措施。

第十条　作业审批由作业批准人组织作业申请人等有关人员进行书面审查和现场核查，确认合格后，批准高处作业许可。

第十一条　作业实施由作业人员按照高处作业许可证的要求，实施高处作业，监护人员按规定实施现场监护。

第十二条　作业关闭是在高处作业结束后，由作业人员清理并恢复作业现场，作业申请人和作业批准人在现场验收合格后，签字关闭高处作业许可证。

第三章　高处作业安全职责

第十三条　作业区域所属单位是组织高处作业的属地主管单位，主要安全职责是：

（一）组织开展高处作业风险分析。

（二）提供现场作业安全条件，向作业单位进行安全交底，告知作业单位高处作业现场存在的风险。

（三）审批作业单位高处作业安全措施或相关方案，监督作业单位落实安全措施。

（四）负责高处作业相关单位的协调工作。

（五）监督现场高处作业，发现违章或异常情况有权制止和纠正违章行为或停止作业。

第十四条　作业批准人是指作业区域所属单位负责人或其授权人，主要安全职责是：

（一）组织开展高处作业风险分析。

（二）与作业单位沟通作业区域风险和安全要求。

（三）组织现场核查高处作业条件和安全措施的落实。

（四）负责签发和关闭高处作业许可证。

（五）指定属地监督，明确监督工作要求。

第十五条　属地监督是指作业区域所属单位指派的现场监督人员，主要安全职责是：

（一）了解高处作业区域、部位状况、工作任务和存在风险。

（二）监督检查高处作业许可相关手续齐全。

（三）监督已制定的所有安全措施落实到位。

（四）核查高处作业人员资质和现场设备的符合性。

（五）在高处作业过程中，根据要求实施现场监督。

（六）及时纠正或制止违章行为，发现人员、设备或环境安全条件变化等异常情况及时要求停止作业并立即报告。

第十六条 作业单位是指具体承担高处作业任务的单位，主要安全职责是：

（一）参加高处作业现场风险分析。

（二）制定并落实高处作业安全措施或相关方案。

（三）开展作业前安全培训，安排符合规定要求的作业人员从事作业，组织作业人员开展工作前安全分析。

（四）检查作业现场安全状况，及时纠正违章行为。

（五）当人员、设备或环境安全条件变化，以及现场不具备安全作业条件时，立即停止作业，并及时报告作业区域所属单位。

第十七条 作业申请人是指作业单位的现场作业负责人，主要安全职责是：

（一）提出申请并办理高处作业许可证。

（二）参加高处作业现场风险分析，组织制定并落实安全措施或相关方案。

（三）对作业人员进行作业前安全培训和安全交底，保证作业人员和设备设施满足规定要求。

（四）指定具体作业监护人，明确监护工作要求。

（五）参与书面审查和现场核查高处作业条件和安全措施的落实情况。

（六）参与现场验收和关闭高处作业许可证。

（七）当人员、设备发生变更时，及时报告作业批准人。

第十八条 作业监护人是指由作业单位指定实施安全监护的人员，主要安全职责是：

（一）对高处作业实施全过程现场监护。

（二）熟知高处作业区域、部位状况、工作任务和存在风险。

（三）检查确认高处作业现场安全措施或相关方案的落实情况。

（四）检查作业人员资质和现场设备符合性。

（五）发现人员、设备或环境安全条件变化等异常情况，以及现场不具备安全作业条件时，及时要求停止作业并立即向作业申请人报告。

（六）熟悉紧急情况下的应急处置程序和救援措施，可进行紧急情况下的初期处置。

第十九条 作业人员是指高处作业的具体实施人员，主要安全职责是：

（一）在高处作业前确认作业区域、内容和时间。

（二）高处作业前，参加工作前安全分析，熟知作业过程中的安全风险及控制措施，并严格按照规定要求进行作业。

（三）高处作业过程中，执行高处作业许可证及操作规程的相关要求。

（四）服从作业监护人和属地监督的监管；作业监护人不在现场时，不得高处作业。

（五）发现异常情况有权停止作业，并立即报告；有权拒绝违章指挥和强令冒险作业。

（六）高处作业结束后，负责清理作业现场，确保现场无安全隐患。

第四章　高处作业安全管理要求

第一节　基本要求

第二十条　根据作业高度，高处作业分为一级、二级、三级和特级等四级。

（一）作业高度在 2～5m（含 2m），称为一级高处作业。

（二）作业高度在 5～15m（含 5m），称为二级高处作业。

（三）作业高度在 15～30m（含 15m），称为三级高处作业。

（四）作业高度在 30m 及其以上时，称为特级高处作业。

第二十一条　高处作业应办理高处作业许可证，无有效的高处作业许可证严禁作业。

对于频繁的高处作业活动，在有操作规程或方案，且风险得到全面识别和有效控制的前提下，可不办理高处作业许可。

第二十二条　高处作业许可证是现场作业的依据，只限在指定的地点和规定的时间内使用，且不得涂改、代签。

第二十三条　坠落防护应通过采取消除坠落危害、坠落预防和坠落控制等措施来实现，否则不得进行高处作业。坠落防护措施的优先选择顺序如下：

（一）尽量选择在地面作业，避免高处作业。

（二）设置固定的楼梯、护栏、屏障和限制系统。

（三）使用工作平台，如脚手架或带升降的工作平台等。

（四）使用区域限制安全带，以避免作业人员的身体靠近高处作业的边缘。

（五）使用坠落保护装备，如配备缓冲装置的全身式安全带和安全绳等。

第二十四条　作业申请人、作业批准人、作业监护人、属地监督必须经过相应培训，具备相应能力。

高处作业人员及搭设脚手架等高处作业安全设施的人员，应经过专业技术培训及专业考试合格，持证上岗，并应定期进行身体检查。对患有心脏病、高血压等职业禁忌证，以及年老体弱、疲劳过度、视力不佳等其他不适于高处作业的人员，不得安排从事高处作业。

第二十五条　严禁在六级以上大风和雷电、暴雨、大雾、异常高温或低温等环境条件下进行高处作业；在 30～40℃高温环境下的高处作业应进行轮换作业。

第二十六条 所属企业可根据高处作业地点和作业频次等实行一次高处作业授权审批；作业批准人进行书面授权后，与被授权人共同承担高处作业现场安全责任。

第二节　作业申请和准备

第二十七条 作业申请人负责与作业区域所属单位进行沟通，准备高处作业许可证等相关资料，提出高处作业申请。

第二十八条 高处作业许可证应包括作业单位、作业区域所属单位、作业地点、作业等级、作业内容、作业时间、作业人员、作业监护人、属地监督、安全措施，以及批准、延期、取消、关闭等基本信息。

高处作业许可证应编号，并分别放置于作业现场、作业区域所属单位及其他相关方；关闭后的许可证应收回，并保存一年。

第二十九条 作业区域所属单位应针对高处作业内容、作业环境等组织风险分析，并对作业单位进行安全交底；作业单位应参加风险分析并根据其结果制定相应控制措施或方案。特级高处作业以及以下特殊高处作业时，应编制安全工作方案。

（一）在室外完全采用人工照明进行的夜间高处作业。

（二）在无立足点或无牢靠立足点的条件下进行的悬空高处作业。

（三）在接近或接触带电体条件下进行的带电高处作业。

（四）在易燃、易爆、易中毒、易灼烧的区域或转动设备附近进行高处作业。

（五）在无平台、无护栏的塔、炉、罐等化工容器、设备及架空管道上进行的高处作业。

（六）在塔、炉、罐等化工容器设备内进行高处作业。

（七）在排放有毒、有害气体、粉尘的排放口附近进行的高处作业。

（八）其他特殊高处作业。

第三十条 高处作业中使用的安全标志、工具、仪表、电气设施和各种设备，应在作业前加以检查，确认完好后方可投入使用。

第三十一条 高处作业应根据实际需要搭设或配备符合安全要求的吊架、梯子、脚手架和防护棚等。作业前应仔细检查作业平台，确保坚固、牢靠。

第三十二条 供高处作业人员上下用的通道板、电梯、吊笼、梯子等要符合有关规定要求，并随时清扫干净。

第三十三条 雨天和雪天进行高处作业时，应采取可靠的防滑、防寒和防冻措施，水、冰、霜、雪均应及时清除。暴风雪及台风暴雨后，应对高处作业安全设施逐一加以检查，发现有松动、变形、损坏或脱落等现象，应立即修理完善。对进行高处作业的高耸建筑物，应事先设置避雷设施。

第三节 作业审批

第三十四条 根据作业风险，高处作业许可应由具备相应能力，并能提供、调配、协调风险控制资源的作业区域所属单位负责人审批。

第三十五条 收到高处作业许可申请后，作业批准人应组织作业申请人、相关方及有关人员等进行书面审查。审查内容包括：

（一）确认作业的详细内容。

（二）确认作业单位资质、人员能力等相关文件。

（三）分析、评估周围环境或相邻工作区域间的相互影响，确认高处作业前后应采取的所有安全措施，包括应急措施。

（四）确认高处作业许可证期限及延期次数。

（五）其他。

第三十六条 书面审查通过后，作业批准人应组织作业申请人、相关方及有关人员进行现场核查。现场核查内容包括：

（一）与高处作业有关的设备、工具、材料等。

（二）现场作业人员资质、能力符合情况。

（三）安全设施的配备及有效性，急救等应急措施落实情况。

（四）个人防护装备的配备情况。

（五）人员培训、沟通情况。

（六）其他安全措施落实情况。

第三十七条 书面审查和现场核查通过之后，作业批准人、作业申请人和相关方均应在高处作业许可证上签字。

书面审查和现场核查可同时在作业现场进行。

第三十八条 对于书面审查或现场核查未通过的，应对查出的问题记录在案；整改完成后，作业申请人重新申请。

第三十九条 当作业人员、作业监护人等发生变更时，应经过作业批准人的审批。

第四节 作业实施

第四十条 高处作业实施前作业申请人必须对作业人员进行安全交底，明确作业风险和作业要求，作业人员应按照高处作业许可证的要求进行作业。

第四十一条　高处作业过程中，作业监护人应对高处作业实施全过程现场监护，严禁无监护人作业。

第四十二条　作业人员应按规定正确穿戴个人防护装备，并正确使用登高器具和设备。

第四十三条　作业人员应按规定系用与作业内容相适应的安全带。安全带应高挂低用，不得系挂在移动、不牢固的物件上或有尖锐棱角的部位，系挂后应检查安全带扣环是否扣牢。

第四十四条　作业人员应沿着通道、梯子等指定的路线上下，并采取有效的安全措施。作业点下方应设安全警戒区，应有明显警戒标志，并设专人监护。

第四十五条　高处作业禁止投掷工具、材料和杂物等，工具应采取防坠落措施，作业人员上下时手中不得持物。所用材料应堆放平稳，不妨碍通行和装卸。

第四十六条　梯子使用前应检查结构是否牢固。禁止在吊架上架设梯子，禁止踏在梯子顶端工作。同一架梯子只允许一个人在上面工作，不准带人移动梯子。

第四十七条　禁止在不牢固的结构物上进行作业，作业人员禁止在平台、孔洞边缘、通道或安全网内等高处作业处休息。

第四十八条　高处作业与其他作业交叉进行时，应按指定的路线上下，不得上下垂直作业。如果需要垂直作业时，应采取可靠的隔离措施。

第四十九条　高处作业应与架空电线保持安全距离。夜间高处作业应有充足的照明。高处作业人员应与地面保持联系，根据现场需要配备必要的联络工具，并指定专人负责联系。

第五十条　因作业需要临时拆除或变动高处作业的安全防护设施时，应经作业申请人和作业批准人同意，并采取相应的措施，作业后应立即恢复。

第五节　作业延期、取消和关闭

第五十一条　高处作业许可证的期限一般不超过一个班次。必要时，可适当延长高处作业许可期限。办理延期时，作业申请人、作业批准人应重新核查工作区域，确认作业条件和风险未发生变化，所有安全措施仍然有效。

第五十二条　当发生下列任何一种情况时，现场所有人员都有责任立即终止作业或报告作业区域所属单位停止作业，取消高处作业许可证，按照控制措施或方案进行应急处置。需要重新恢复作业时，应重新申请办理作业许可。

（一）作业环境和条件发生变化而影响到作业安全时。

（二）作业内容发生改变。

（三）实际高处作业与作业计划的要求不符。

（四）安全控制措施无法实施。

（五）发现有可能发生立即危及生命的违章行为。

（六）现场发现重大安全隐患。

（七）发现有可能造成人身伤害的情况或事故状态下。

第五十三条 高处作业结束后，作业人员应清理作业现场，将作业使用的工具、拆卸下的物件、余料和废料清理运走。现场确认无隐患后，作业申请人和作业批准人在高处作业许可证上签字，关闭作业许可，并通知相关方。

第六节 特殊情况高处作业

第五十四条 高处动火作业、进入受限空间内的高处作业、高处临时用电等除执行本办法的相关规定外，还应满足动火作业、进入受限空间作业、临时用电作业安全管理等相关要求。

第五十五条 紧急情况下的应急抢险所涉及的高处作业，遵循应急管理程序，确保风险控制措施落实到位。

第五章 附 则

第五十六条 本办法由集团公司安全环保与节能部负责解释。

第五十七条 本办法自印发之日起施行。